AMAR E RESPEITAR
TODOS OS DIAS DA MINHA VIDA

Alexandre Silveira

AMAR E RESPEITAR

TODOS OS DIAS DA MINHA VIDA

PALAVRA
& PRECE

Copyright © Palavra & Prece Editora Ltda., 2006.
Todos os direitos reservados. Nenhuma parte deste livro pode ser utilizada ou reproduzida sem a expressa autorização da editora.

FUNDAÇÃO BIBLIOTECA NACIONAL
Depósito legal na Biblioteca Nacional conforme Decreto nº 1.825, de dezembro de 1907.

COORDENAÇÃO EDITORIAL
Júlio César Porfírio

REVISÃO E DIAGRAMAÇÃO
S4 Editorial

CAPA
Claudio Braghini
Imagens: Istockphoto

IMPRESSÃO
Prol Editora Gráfica

1ª reimpressão: 2007
2ª reimpressão: 2008
2ª edição: 2010

Dados Internacionais de Catalogação na Publicação (CIP)
(Câmara Brasileira do Livro, SP, Brasil)

Silveira, Alexandre
  Amar e respeitar todos os dias da minha vida / Alexandre Silveira. -- 2. ed. -- São Paulo : Palavra & Prece, 2010.

  Bibliografia.
  ISBN 978-85-7763-163-6

  1. Amor - Aspectos religiosos - Cristianisno 2. Casamento - Aspectos religiosos - Cristianismo 3. Família - Aspectos religiosos I. Título.

10-06516   CDD-248.8

Índices para catálogo sistemático
1. Amor no casamento : Aspectos religiosos : Cristianismo   248.8

EDITADO CONFORME NOVO ACORDO ORTOGRÁFICO DA LÍNGUA PORTUGUESA

PALAVRA & PRECE EDITORA LTDA.
Parque Domingos Luiz, 505, Jardim São Paulo, Cep 02043-081, São Paulo, SP
Tel./Fax: (11) 2978.7253
E-mail: editora@palavraeprece.com.br / Site: www.palavraeprece.com.br

Sumário

Capítulo 1
A opção pela fidelidade   9

Capítulo 2
Que bom seria...   25

Capítulo 3
Só se casa a três: homem, mulher e Deus   31

Capítulo 4
Os mandamentos são a planta da obra   39

Capítulo 5
Dai de graça o que de graça recebestes!   47

Capítulo 6
Seja fiel ao amor de Deus   51

Capítulo 7
Minha experiência na Igreja Católica   55

Capítulo 8
A família deve ser evidenciada e preservada   81

Capítulo 9
O casamento e o perdão   97

Capítulo 10
Seu dever é levar sua família para Deus   105

Capítulo 11
Vivendo a religiosidade no casamento   113

Capítulo 12
O casamento é como música   117

Capítulo 13
Quer saber? então, vai!   123

Anexo
Oração do perdão   141

Bibliografia   143

Agradeço...

... a Deus pelos filhos que me deu para cuidar – Mônica, Rafael e Ricardo –, pois são o motivo maior da minha existência. Amo muito vocês!

... ao meu orientador especial, padre Edival, pároco da Paróquia Nossa Senhora Aparecida da Vila Albertina, São Paulo/SP, que vem me acompanhando e me impulsionando cada vez mais na fé, além de depositar a confiança da Igreja em mim e em minha esposa Mônica, indicando-nos como Ministros Extraordinários da Sagrada Eucaristia.

... a todos os padres que me ajudaram e me ajudam no compromisso cristão: Silvio César da Silva, Carlos Augusto (Carlão), Roberto Lettieri, Jonas Abib, Cleidimar Moreira, Antonello, Marcelo Rossi, Dom Fernando (Bispo da Diocese de Santo Amaro), Noel, Bruno, Vieira, Paulo Afonso, Jair, Theo, Léo, José Augusto, Ildefonso, Alfredo, Bolívar, Cândido, Delton e Dom Pedro (Bispo de Vacaria/RS) – a vocês, todo meu carinho, respeito e gratidão.

... a meus pais, irmãos, afilhados, parentes e amigos – minha vida não poderia ser totalmente preenchida se Deus não os tivesse colocado em meu caminho. Saibam que o Espírito Santo se move em vocês! Vocês são valiosos. Obrigado por tudo!

... especialmente ao falecido Papa João Paulo II, minha profunda admiração e gratidão por todos os ensinamentos que nos trouxe e por conduzir tão bem o rebanho de Jesus, e também ao seu sucessor, Bento XVI, pelo compromisso assumido de conduzir, hoje, a Igreja fundada por Jesus.

A maior herança que posso deixar aos meus filhos é amar a mãe deles!

Capítulo 1

A OPÇÃO PELA FIDELIDADE

Sou grato a Deus por ter me concedido o dom que me permite compartilhar com você, leitor, ensinamentos sobre a família – um tema tão presente e, ao mesmo tempo, tão esquecido na vida da maioria das pessoas, e que muitas vezes é desdenhado e até atacado por críticas sem fundamento, que não levam em conta os valores essenciais e a ética.

Não que eu seja um *expert* no assunto, mas posso dizer que tive o privilégio de crescer em uma família equilibrada, constituída dentro da solidez dos valores cristãos, onde tive grandes experiências de vida.

A família, como rocha pura, deve ser construída e edificada para dar bons frutos e, principalmente, para dar provas das maravilhas que Deus fez e faz para que Sua palavra se eternize por todos os séculos – essa é a função da família.

Proponho, de início, que você faça uma pequena pausa na leitura e relembre os erros e acertos havidos na sua criação. À medida que fizer isso, vá se conscientizando de que, para a formação e a santificação da sua família, é necessário que você se empenhe em acertar cada vez mais.

> Concentre sua atenção nos sentimentos que vêm à tona enquanto você faz a breve reflexão que lhe propus. Deixe que tais sentimentos fluam. Então, permita que todo o complexo de inferioridade que talvez você sinta, bem como toda raiva e todo rancor, ódio e descrença que houver em seu coração, prendendo-o ao passado, sejam eliminados de seu ser, de modo que seu coração recupere o dom gratuito que existe nele, que é o perdão.[1]

Pronto! De coração limpo e preparado podemos refletir melhor sobre o casamento e a importância da família em nossa vida.

Sempre atentos ao que nos é oferecido na juventude, aliado à grande vontade de superar obstáculos e de transpassar os limites impostos pela adolescência, chega a fase em que o namoro vai se tornando mais sério.

Em todo namoro, com o passar do tempo, as afinidades e as contrariedades vão se tornando cada vez mais visíveis, de modo que, mais dia menos dia, o casal acaba tendo de tomar uma decisão muito séria: ou casa ou rompe o namoro.

Como saber qual é a melhor decisão a ser tomada? Em vez de escrever páginas e páginas de aconselhamento, vou

---

1 O importante, agora, é perdoar, e eu o convido a ir à página 141 e fazer comigo a Oração do Perdão. Procure ficar em um local tranquilo e sozinho para poder rezar essa oração.

lhe dar apenas umas palavras: a vida em Deus. Viver em Deus é a única maneira que existe para que um casal de namorados faça a escolha acertada entre o casamento e o rompimento do namoro.

Alguém só terá certeza da fidelidade de seu companheiro no casamento se houver a opção pela vida regrada em Deus. É vivendo esta vida que a pessoa passa a conhecer a si mesma, equilibrando e controlando suas vontades e fechando-se inteiramente a vícios e condutas prejudiciais à solidez de uma família.

> No decorrer deste livro, abordaremos mais detalhadamente o tema da vida em Deus, ou seja, como chegar a uma vida conjugal feliz.

NAMORO

Antes de dizer "sim" diante do altar

Ah, muita gente sonha encontrar o companheiro ideal e ir com ele ao altar... Mas, antes de dizer "sim", você tem de ter certeza de que tem vocação para o casamento e, também, de que está se casando com o companheiro que, verdadeiramente, Deus escolheu para estar ao seu lado nessa jornada, um cuidando do outro. E em que momento da vida isso acontece? No namoro, claro.

Então, vejamos: o que é o namoro? Ele ainda existe ou está em decadência – ou, como diriam algumas pessoas, "fora de moda"?

Namoro é a relação que sustenta o relacionamento afetivo, heterossexual, horizontal, circular, conjugal. O namoro mantém a partilha, o diálogo, a admiração recíproca e a descoberta do outro como uma pessoa, sendo a ocasião propícia para nascer o amor. Como é importante essa etapa da vida! Os jovens de hoje, de tão habituados à moda do "ficar", estão perdendo o sentido do namoro. Não sabem mais namorar e, não sabendo isso, estão perdendo a oportunidade de se enamorar...

Enamorar-se é fazer morada em alguém, é morar no interior de outro, ou seja, instalar-se na memória de outra pessoa. Mas é uma morada de aluguel, pois não se pode fazer o outro de casa própria. O namoro, por sua vez, é uma situação transitória de opção. E quando a opção pelo outro é recíproca, ambos são tomados de profunda paz e felicidade, que os torna capazes de suportar os piores sofrimentos, bem como as contrariedades e frustrações do mundo.

> A certeza de amar e ser amado é uma das maiores forças de vida de alguém. É a certeza de que um sempre poderá contar com o outro.

Namorar é estar em comunhão com o outro. E essa comunhão psicológica ocorre por meio do diálogo e da partilha. Mas, partilha de quê?

Durante o namoro, um casal partilha os pensamentos, valores, conceitos, convicções e princípios de cada um, assim como partilha sentimentos, preferências, estilos e gostos, além de projetos, vontades, desejos, sonhos e ideais. E a manifestação externa desses elementos partilhados são os carinhos, os beijos – ecos de uma unidade interior consolidada na descoberta do outro por meio do diálogo cotidiano.

Hoje, os jovens abusam da expressão "Fica comigo!". E sabe por quê? Para tentarem se livrar da carência de afeto que assola a juventude. Os jovens de hoje são imaturos. Poupados da violência do mundo, cresceram sem experiências vitais de ser e famintos de amor. Tiveram (e têm) conforto material em demasia, mas não tiveram a presença forte e protetora dos pais, em razão das exigências do mundo moderno, e até mesmo de necessidades de sobrevivência. O resultado é uma juventude que troca seus valores sérios, profundos, por alguns momentos de falso prazer. E, depois, os jovens ficam buscando algo ou alguém que lhes preencha o vazio e caem em um estado deprimente de mendicância afetivo-psicológica.

Tipos de namoro

Os tipos de namoro, avaliados quanto aos níveis de relacionamento humano – espiritual, psicológico, biológico e social –, são:

- profundo ou superficial;
- aberto ou fechado socialmente;
- religioso ou ateu espiritualmente.

Profundo ou superficial

Um namoro é profundo quando há possibilidades de mútuo conhecimento em todos os níveis de relacionamento. A profundidade se dá nos diálogos, nas partilhas e nas experiências que geram oportunidades de conhecimento amplo da outra pessoa, bem como conduzem à autotranscendência, ao dar-se ao outro de modo existencial, espiritual e psicológico.

O namoro é a situação propícia de acontecer o amor.

Aberto ou fechado socialmente

O namoro é aberto socialmente quando o casal tem amigos comuns e participa de diálogos e reuniões com outros jovens, em atividades que, além de divertir, propiciam a troca de experiências e o convívio saudável dos dois. Entre essas atividades, podemos citar aquelas que se relacionam a dança, esportes, música, religião etc.

Já quando o casal de namorados tem pouca atividade social, preferindo se isolar em programas a dois, a situação é de risco. Esse tipo de namoro é considerado perigoso porque gera possessividade, domínio, forte atração física e apego emocional sem opção consciente.

+ diálogo – carícias ➤ liberdade de opção consciente
– diálogo + carícias ➤ apego emocional, sem liberdade de opção consciente

Convém rezar juntos desde o namoro, pois "quem se une a Deus torna-se com Ele um só Espírito".

"Tu, porém, quando te casares e entrares por este caminho nupcial, viverás com ela em castidade durante três dias, (o tempo do namoro) e não vos ocupareis de outra coisa senão de orar juntos" (*Tb* 6,18).

Confira o seu namoro!

Nós cativamos e cultivamos a pessoa do outro por dentro, por meio do diálogo, dos valores do outro, da escuta, da ternura do olhar... Para se conhecer, se cativar e se cultivar, um casal de namorados precisa conversar sobre profissões, arte, cinema, humor, teatro, música, ecologia, cultura, política, economia, história, geografia, psicologia, ciências sociais, direitos de cidadania, educação de filhos, esportes, religião, comunicação, televisão, censura às novelas, filosofia de vida, decoração, entre outras coisas.

O namoro é a vivência na gratuidade do amor, na liberdade, sem relação de domínio e sem se sentir oprimido nem opressor. Ambos necessitam estar em igualdade de condições existenciais para que ocorra a aventura da admiração, da conquista e sedução, de uma relação psicossexual sadia, e para que se estabeleça a unidade existencial dinâmica do casal.

A unidade existencial de um homem e de uma mulher em Deus faz não apenas com que sejam felizes, mas também constitui a finalidade última do namoro, que é o casamento, iniciado e treinado no namoro.

> Santa Teresa descobriu que, no *Livro das Moradas*, diz que "*Sua Majestade celebre com a nossa alma o matrimônio espiritual*" (7Mo 1,2). "*A finalidade do matrimônio espiritual é que dele nasçam obras, sempre obras*" (7Mo 4,6).

Quando um casal tem vínculos afetivos mistos, hierárquicos e verticais (pai e filha, mãe e filho), em que um exerce domínio sobre o outro, e são socialmente fechados, a insegurança predomina e a convivência se torna tensa, com cobranças, ciúmes e brigas. O namoro se torna neurótico!

Fases do namoro

O namoro é um tipo de relacionamento que ocorre em etapas, ou fases, que, gradativamente, levam o casal à maturidade psicossexual e ao treino de uma fidelidade cada vez mais refinada para, juntos, constituírem uma relação conjugal (unidade existencial dinâmica).

Essas fases ou etapas do namoro são:

1. *Paquera*. Fase inicial do namoro, que começa de maneira suave, sem compromisso, em que cada um se autoafirma na sua sexualidade e exibe ao outro sua identidade.
2. *Namoro firme*. O relacionamento se firma, porque o casal já descobriu seu amor – um vê no outro a pessoa que o faz sair de si mesmo; então, tem início a fase do desnudar-se psicologicamente e de viver a fidelidade.
3. *Noivado e preparativos para o casamento*. Cientes de seus sentimentos e compromissos, o casal opta pelo casamento.
4. *Casamento*. Nessa fase, consolida-se o eterno namoro.

E você, em que fase está?

Lembre-se de que cada fase requer um tipo de namoro adequado para trazer felicidade! Então, vamos ampliar a pergunta: Em que fase de namoro você está e de que tipo é seu namoro?

> **PAUSA PARA UMA REFLEXÃO ESPIRITUAL**
>
> **SOBRE JESUS CRISTO**
>
> Ele é Homem! ...e o melhor Homem do mundo!
>
> De namoro Ele entende bem!
>
> Ele tem 2000 anos de experiência em namoro!
>
> Ele é o melhor namorado do mundo!

NAMORO COM JESUS

Já falei muito sobre namoro entre jovens. Agora, vou falar de namoro com Jesus! As pessoas que leem assiduamente a *Bíblia*, colhem e comungam com o interior de Jesus, com Sua dimensão psicológica, com todas as Suas convicções, valores, preferências, desejos, projetos, etc. Isto é namorar! Isto é namorar com Jesus!

> "Se alguém me ama, guardará a minha palavra e meu Pai o amará, e nós viremos a Ele e n'Ele faremos a nossa morada." (Jo 14,23)

Nós não O conhecemos o suficiente! Nós não O amamos o suficiente! E essa insatisfação, essa fome de amá-l'O, nos leva a enamorar Jesus. Que Jesus Cristo reine e seja muito amado com orações e com a vida, por todos e por cada um de nós. Eu namoro Jesus Cristo e sempre quero viver entusiasmado com Ele.

OS DEZ MANDAMENTOS DO NAMORO

1. O namoro é diabético – "melação" demais faz mal.
2. Nunca pense que o "jogo está ganho" – a conquista é contínua e recíproca entre ambos.
3. Namore sempre um "sujeito" simples – nunca um "sujeito" composto, oculto, indeterminado ou virtual.
4. Namore não apenas o físico – inclua o psíquico e o espiritual.
5. Namore sem tomar posse – seu namorado(a) não é uma coisa ou um objeto de estimação.
6. Não basta namorar – participe como personagem da história de vida do outro.
7. Não deixe que o medo de perder o namorado(a) tira sua vontade de ganhá-lo(a).
8. Namore com convivência – não por conveniência.
9. Invente, tente, use sua criatividade – namore fora dos padrões da moda, mas de acordo com os padrões cristãos.
10. Pratique um esporte – namoro não é uma modalidade esportiva.

Casamento

Casamento é para sempre! Portanto, se houver dúvida quanto a tomar essa decisão, desista! Não seja egoísta a ponto de estragar a sua vida e a de seu futuro(a) esposo(a).

O casamento expressa o amor de Deus por Seu povo. Assim como Cristo se entregou em sacrifício por amor a nós e permanece eternamente fiel a nós, do mesmo modo os esposos se entregam totalmente um ao outro, imitando o amor de Cristo.

É um grande bem casar-se na Igreja e receber a bênção do sacerdote, porque é o único modo de santificar o amor entre um homem e uma mulher.

Nesse momento tão solene, Deus infunde Sua graça no coração dos esposos para que cumpram os deveres próprios de seu estado: a fidelidade às suas promessas, a procriação e educação dos seus filhos, o sustento mútuo em meio às alegrias e dificuldades da vida.

O casamento entre pessoas batizadas é um dos sete sacramentos instituídos por Jesus Cristo, o que quer dizer que é um caminho de santidade, no qual Deus convida os esposos a ganharem o Céu, santificando-os no casamento e na vida familiar.

> Saber que o casamento é uma vocação divina nos ajuda a defendê-lo e valorizá-lo adequadamente, respondendo com generosidade à vontade de Deus.

A IMPORTÂNCIA DE CASAR-SE NA IGREJA

Pessoas que vivem juntas sem serem casadas na Igreja, mesmo que tenham sido declaradas casadas por um juiz da esfera civil, vivem em situação de irregular porque o casamento não foi feito na presença de Deus.

Um homem e uma mulher católicos que vivam juntos e queiram seguir vivendo assim para sempre deveriam falar com o sacerdote católico mais próximo, expondo sua situação, com o intuito de santificar seu lar o quanto antes com as bênçãos do casamento religioso.

Se quiserem celebrar o casamento, não devem temer nem se preocupar com os anos que viveram sem o sacramento, mesmo tendo filhos maiores ou de uniões anteriores não abençoadas pela igreja: o importante é que seu lar e seu amor sejam santificados e eles tenham consciência de ter cumprido a vontade de Deus.

Tem seu mérito o fato de um homem e uma mulher viverem juntos e serem fiéis um ao outro, mesmo não sendo casados na Igreja. Essa é uma conduta exemplar, pois a fidelidade é um grande valor humano e uma grande virtude que torna possível o desenvolvimento autêntico da personalidade e da felicidade familiar. Entretanto, se esse casal for católico, sua fé e seu amor a Deus devem levá-lo, sempre que seja possível, a santificar seu lar com o casamento religioso.

Alguns casais que guardam fidelidade temem que, recebendo a bênção do sacerdote, o cônjuge se sinta seguro de possuí-lo e passe a ter menos comprometimento com a vida em comum, que, então, entrará em crise. Entretanto, devem saber que este temor não tem fundamento quando existe amor verdadeiro, uma vez que o amor dos esposos e as bênçãos da Igreja santificam o lar.

O casamento na Igreja abençoa o amor que existe entre os esposos, dá-lhes forças para vivê-lo, e faz com que recebam ajuda divina e a bênção de Deus para santificar-se em sua vida matrimonial.

Superadas todas essas etapas, sem atropelos indesejáveis, chega o momento tão esperado do homem e da mulher para se juntarem em casamento, formando assim uma só carne.

"Como Jesus veio para restabelecer a ordem inicial da criação perturbada pelo pecado, Ele mesmo dá a força e a graça de viver o casamento na nova dimensão do Reino de Deus. É seguindo a Cristo, renunciando a si mesmos e tomando cada um sua cruz (cf. *Mt* 8,34) que os esposos poderão compreender (cf. *Mt* 19,11) o sentido original do casamento e vivê-lo com a ajuda de Cristo. Esta graça do matrimônio cristão é fruto da cruz de Cristo, fonte de toda vida cristã." (CIC 1615).

O casamento é para ser uma grande festa, pois é a celebração do nascimento da mais recente sagrada família de Deus. Por esse motivo, deve ser encarado com profunda alegria por todos que participam da celebração, uma vez que, naquele momento, o sinal visível de Deus abençoando os noivos inunda e renova todas as promessas seladas pela aliança feita com Ele. É por isso que casamento só existe a três: Homem, Mulher e Deus.

A aliança, símbolo da união em casamento, sela o compromisso que o casal faz com Deus diante do sagrado altar e significa a fidelidade conjugal, devendo ser respeitada.

COMO USAR A ALIANÇA

Segundo Santo Isidoro de Sevilha, a aliança deve ser colocada no quarto dedo da mão esquerda, porque nele há uma veia que vai direto ao coração.

Alguns lembretes quanto ao uso da aliança:

- *Maridos* – A aliança deve ser usada na mão e não pendurada em uma corrente ou na carteira, ou nem ser usada. Não existe desculpa para o não uso da aliança.
- *Esposas* – O dedo em que se usa a aliança deve servir para colocar apenas a aliança. Não coloque anéis nesse dedo. Para embelezar-se, utilize seus outros nove dedos, mantendo o dedo sagrado apenas com a aliança – ele deve sinalizar a eficácia da graça do casamento.

A aliança é um sinal que deve permanecer visível para todas as pessoas, de modo que possam perceber que Deus caminha com quem a usa e sustenta sua família concebida mediante o casamento.

Na aliança, torna-se desvendado todo o mistério da família, no qual se assume com Deus o compromisso de cuidar do nome do esposo ou da esposa que, certamente, estará gravado dentro da aliança.

> "Os sacramentos são sinais eficazes da graça, instituídos por Jesus Cristo e confiados à Igreja, por meio dos quais nos é dispensada a vida divina. Os ritos visíveis sob os quais os sacramentos são celebrados significam e realizam as graças próprias de cada sacramento. Produzem fruto naqueles que os recebem com as disposições exigidas." (CIC – 1131)

Você tem o livre-arbítrio; sabe diferenciar as coisas boas das ruins e escolher o melhor para sua vida. Por isso, jamais baixe o preço do grande investimento que Deus fez para sua vida. Infelizmente, o que mais se vê hoje em dia são pessoas que se entregam ao primeiro parceiro que encontram. Estas precipitam as coisas, não deixando espaço para os planos de Deus acontecerem. E, numa atitude de desdém para com a riqueza despejada por Ele em suas vidas, vendem-se por migalhas.

Por se contentarem com migalhas é que muitos se desiludem com o casamento diante do menor problema, da menor atribulação – se ressentem por pouca coisa por não terem reunido forças suficientes para florescerem ao verdadeiro amor.

Na multiplicação dos pães, Jesus não deu migalhas ao povo que estava com fome de justiça e de verdade, mas ofereceu pão em abundância para que comessem à vontade do bom e do melhor, tanto que sobraram cestos e cestos de pão.

Assim é nosso Deus: Ele oferece um banquete para saciarmos a fome, mas, muitas vezes, optamos pelas migalhas, perdendo a oportunidade de sermos merecedores de um grande reino de amor e felicidade.

É a mesma coisa de chegarmos morrendo de sede diante da fonte de água viva que Deus proporciona e nos contentarmos com um simples gole d'água.

Temos de saber discernir e não sermos tolos de aceitar tudo que o mundo oferece. Chegou a hora de colocar nosso senso crítico para funcionar e optarmos firmemente pela verdade, que só se dá em Jesus – é fundamental que você tenha consciência disso no momento de decidir-se com quem irá se juntar em casamento.

Capítulo 2

Que bom seria...

Dias atrás, conversando com um amigo um pouco mais velho que eu, lembrávamo-nos de quando éramos pequenos. Então, um pouco emocionado, ele me disse:

"Ainda me lembro de que, quando criança, minha mãe me ajudava a rezar as orações da noite e me dava um beijo antes de dormir. Eu vivia contente e feliz, sentindo-me amado por ela. Meu pai também tinha atitudes agradáveis. No inverno, junto ao fogo, sentava-me em seu colo. Então, contava-me coisas de suas viagens, de quando era jovem, e do quanto teve de trabalhar para levar adiante sua vida. Recordo daqueles momentos com muita saudade. Ficava esperando meu pai voltar do trabalho, com a expectativa de que me contasse mais histórias".

Contou-me também que seus pais estão bem velhos e vivem com ele; disse que sua mãe já nem se levanta mais da cama e que, enquanto ele está no trabalho, seu pai cuida dela com todo amor e carinho.

Fiquei emocionado com o que ouvi, pois o amor desses pais para com seu filho, e os detalhes de amor de um pelo outro são o exemplo da grandeza do casamento.

> Sabemos agradecer o que nossos pais fazem ou fizeram por nós? Estamos presentes na vida deles, ajudando-os em suas necessidades? Lembramo-nos de rezar por eles todos os dias? – É bom acordarmos para isso, pois logo precisaremos de nossos filhos.

O livro do *Gênesis* ensina que Deus criou o homem e a mulher com a finalidade de procriar e multiplicar.

> *"Homem e mulher os criou, e Deus os abençoou dizendo-lhes: Crescei e multiplicai-vos e enchei a terra."* (Gn 1,27-28)

Assim, Deus instituiu o casamento, para que, como finalidade primordial, o casal tivesse filhos e os educasse; e como finalidade secundária, que os esposos se ajudassem um ao outro.

> *"Não é bom que o homem esteja só, vou fazer-lhe uma ajuda semelhante a ele."* (Gn 2,18)

Como consequência, o casamento é algo sagrado por sua natureza, e os esposos são colaboradores de Deus, partícipes do poder divino de dar a vida ao preparar o corpo dos novos seres nos quais Deus infunde a alma criada à Sua imagem e semelhança.

Jesus Cristo elevou o casamento, instituído no início da humanidade, à dignidade de sacramento.

Nas bodas de Caná, a tradição cristã viu na presença de Jesus uma confirmação do valor divino do casamento. Portanto, entre cristãos, o verdadeiro casamento é apenas aquele que Jesus Cristo santificou e elevou à dignidade de sacramento. Desse modo, nenhum católico pode se casar apenas no civil – seu valor não será maior que o de uma simples cerimônia legal perante a lei civil.

O casamento, seja na condição de instituição natural, seja na de sacramento cristão, reveste-se de duas propriedades essenciais: *unidade e indissolubilidade*.

- *Unidade*: casamento é a união de um só homem com uma única mulher.

"Por isso deixará o homem a seu pai e a sua mãe, e se unirá à sua mulher, e serão os dois uma só carne." (Gn 2,24)

- *Indissolubilidade*: o vínculo conjugal não pode se desatar nunca.

"O que Deus uniu o homem não o separe." (Mt 19,6; 5,32; Lc 16,18)

O divórcio, portanto, é proibido perante as leis de Deus por várias razões:
- o bem dos filhos;
- o bem, a felicidade e a segurança dos esposos, que desaparecem quando o divórcio é introduzido nas sociedades;

- o bem da sociedade humana, que se compõe de famílias, as quais, quanto mais sólidas e estáveis, mais terão condições de prover ordem e bem-estar à sociedade e aos indivíduos.

O casamento, enquanto sacramento, aumenta a graça santificante naqueles que o recebem – casamento concede aos esposos as graças necessárias para que se santifiquem e santifiquem os outros –, de modo que é preciso recebê-lo em estado de graça, porque, do contrário, comete-se um sacrilégio, ainda que o casamento seja válido.

Esse sacramento também provê aos esposos os auxílios especiais de que ambos necessitam para santificar-se no casamento, educar seus filhos e cumprir os deveres de um com o outro.

Os deveres relativos aos esposos são:

- *De um com o outro*: amarem-se e respeitarem-se, guardarem fidelidade e ajudarem-se mutuamente.

- *Para com os filhos*: alimentá-los, vesti-los, educá-los religiosa, moral e intelectualmente, e assegurar seu futuro.

É dever da família toda, incluindo os filhos, facilitar o clima humano e cristão, por meio do qual se consegue que os lares sejam luminosos e alegres, sacrificando-se para obter as virtudes humanas e sobrenaturais de uma família que começou santificada com um sacramento.

É gratificante ver uma família sendo formada em Deus. É por meio dessa família que a mulher, apaixonada, realiza seu grande sonho, encontrando seu príncipe encantado. E é nessa família, em que as juras de amor extrapolam os limites da razão, que ela sente a mais pura emoção de estar se entregando ao homem que Deus lhe destinou.

Que mulher nunca se apaixonou nem sentiu aquele friozinho na barriga ou o coração disparando, quase saindo pela boca, quando se aproximava o momento de encontrar seu amado? Pois se com a mulher é assim, com o homem não é diferente: antes do encontro, fica sem dormir, estudando a melhor tática para conquistar sua amada – chega ao absurdo de inventar declarações de amor mirabolantes!

Que bom se todo casamento fosse assim...
Hoje em dia, porém, não é o que observamos. As situações são completamente diversas do verdadeiro plano de amor, e casais, seduzidos pelos ataques do mal, invertem a ordem legal das coisas e tomam decisões cegas, que comprometem drasticamente suas vidas. Em muitos casos, têm de abreviar o período que antecede o casamento, que precisa ser feito às pressas, como por exemplo uma gravidez indesejada.

A antecipação do casamento por força da gravidez indesejada faz, na maioria dos casos, um rompimento inevitável que só pode ser quebrado se o casal fizer o propósito imediato de seguir a Deus, para que possa ter a sustentação necessária, diante da situação inesperada que se encontram.

Por isso, ao se deparar com uma situação dessa, sugiro a pessoa imediatamente procure um sacerdote para ser orientada.

Só assim você vai conseguir discernir corretamente sobre o futuro de sua família, a ponto de optar em verdade e livre de toda influência negativa, se a situação é para casar ou não.

"Nosso corpo unido ao Corpo de Cristo, adquire um princípio de imortalidade, porque se une ao imortal."
(São Gregório de Nissa)

Para que o casamento seja a escolha acertada, o casal deve estar afinado e partilhando da mesma situação um com o outro, a ponto de formar o alicerce necessário para começar a construção de uma família.

Casamento, uma eterna construção

Casamento é uma eterna construção: o homem sai da casa de sua família de origem com maneiras e costumes particulares e vai viver com sua mulher, que também traz consigo maneiras e costumes que lhes são próprios, porém totalmente diferentes daqueles do marido. Diante disso, se não houver diálogo e discernimento suficientes para superar as várias etapas da obra (família), o casal não terá base para seguir adiante, pois não haverá consenso e, como resultado, a obra desmoronará precocemente, ou seja, haverá a separação do casal.

No casamento, o consenso deve prevalecer, e ceder não deve ser considerado sinal de fraqueza e sim de força, pois se o casal não for irredutível – se houver flexibilidade –, a união se tornará profundamente duradoura.

Ao decidir pelo casamento, é preciso saber que a celebração desse sacramento significa que o alicerce para a construção da família está pronto, reconhecendo o bom trabalho que o casal realizou na fundação, ou seja, durante o namoro.

A consumação do casamento se dá na relação sexual entre os esposos, após a celebração; trata-se de um momento único e íntimo, que marca o início da vida da nova família recém-formada. O ato sexual é a pedra fundamental do casamento, e sua força é extraordinária.

Capítulo 3

Só se casa a três: homem, mulher e Deus

"Sem Deus, busca-se inutilmente construir uma casa estável." (Papa Bento XVI)

Existem várias ocasiões em que o casal, principalmente quando os filhos nascem, passa a ter uma vida diferente da que levava no início do casamento, dispondo de menos tempo para dedicar um ao outro. Os filhos, naturalmente, precisam de muita atenção; a acolhida que recebem dos pais é fundamental, pois necessitam do preparo que os levará a desbravar o mundo – e a acolhida inicial é mais importante de todas.

"Não há meio melhor para se chegar à perfeição. Não percamos a oportunidade de negociar com Deus. Ele (Jesus) não costuma pagar mau a hospedagem se o recebemos bem." (Santa Teresa de Ávila)

Porém, mesmo com o tempo limitado, é muito importante que o casal dedique um período ao amor, na mais pura essência abençoada por Deus. É necessário que haja partilha, conversa, carinho, enfim, toda a dedicação que a pessoa escolhida, portanto, amada, merece receber.

É chegada a hora de deixar vir à tona o grande amor que temos por Deus, que se manifesta pelo temor e pela obediência à Sua vontade.

Meu exemplo

Antes de compartilhar com você, leitor, uma experiência que tive relacionada a este assunto, quero colocar em foco algumas ideias, a título de introdução:

> O homem e a mulher que se casam na Igreja, ou seja, que recebem esse sacramento, se tornam especiais e responsáveis pela única via de amor que pode nos levar à salvação, que é a família. Portanto, quem tem esse privilégio deve se alegrar, pois foi escolhido por Deus para cuidar de uma pessoa e também para formar com ela uma sagrada família.
>
> A situação é simples: por Deus, o casal se une, formando uma só carne em um casamento realizado a três: o marido, a esposa e Deus. Se não for a três, não é casamento, pois, sozinho, o casal não chegará a lugar algum, e o casamento corre sério risco de naufragar antes mesmo de alcançar alto mar.
>
> É por Deus, e pensando n'Ele, que devemos tomar todas as atitudes corretas durante nosso casamento.

Agora, tendo feito essa breve introdução, vou compartilhar com você uma experiência ocorrida em meu casamento.

Num certo tempo, mesmo tendo sido escolhido por Deus para cuidar da minha esposa, passei por um período difícil junto dela e de meus dois filhos.

Fomos passar o Ano Novo no interior de São Paulo, em Cachoeira Paulista, na companhia de familiares e amigos, e combináramos que passaríamos a virada do ano rezando na Comunidade Canção Nova.

Foi uma bênção! Chegamos lá e preparamos nossa festa de passagem em Deus.

Na véspera da chegada do Ano-Novo, porém, minha esposa acordou indisposta, sentindo algumas dores abdominais, mas nada que pudesse nos alarmar. Tudo levava a crer que era apenas uma indisposição. Nesse mesmo dia, após o almoço, fomos assistir uma palestra, e Mônica preferiu ficar em casa, para estar mais disposta à noite.

A palestra terminou e, em seguida, a Eucaristia:[2] o Santíssimo Sacramento começou a passar entre as inúmeras pessoas que ali se encontravam. Eu estava sentado na arquibancada, acompanhando aquele momento, e por pura obra e empurrão do Espírito Santo de Deus, desci as escadas e fui ao encontro do Santíssimo Sacramento, fazendo um pedido ao nosso Senhor Jesus: "Senhor, cuida da minha esposa pra mim". E senti a resposta em meu coração: "Filho, faça sua parte que Eu faço a minha".

---

2 Eucaristia é um dos sete sacramentos da Igreja Católica, instituído por Jesus aos apóstolos na última ceia, no qual o Sangue e o Corpo de Cristo estão presentes sob as espécies do vinho e do pão.

Naquele instante, Deus falou-me claramente que eu teria problemas com a minha esposa naquele final de ano. Mas, mesmo com uma enorme certeza de que Deus estava comigo e com minha família, pedi outra confirmação.

No instante seguinte, tão logo o sacerdote virou-se e dirigiu-se a outro corredor carregando o Santíssimo Sacramento, um amigo chegou até a mim e disse: "Olha, minha esposa está no posto médico com a sua esposa".

Agradeci a Deus, pois tinha tido a prova de quão maravilhoso é o Seu amor. Retirei-me daquele lugar e fui ao posto médico, confiante em fazer a minha parte, pois sabia que Deus estava conosco.

Naquela momento, as dores tinham aumentado e minha esposa ficou tomando medicamentos e soro até as nove e meia da noite, quando voltamos para casa e encontramos nossos amigos e familiares.

As dores tinham acalmado, mas não o suficiente para irmos à grande celebração de Ano Novo com nossos companheiros, de modo que ficamos em casa assistindo tudo pela TV.

Deus é realmente maravilhoso, pois nos proveu uma oportunidade, talvez única, de esperarmos pela chegada do Ano Novo ali, reunidos – eu, minha esposa e meus filhos –, em Sua ilustre companhia.

Digo que foi uma oportunidade única, porque, em geral, Ano Novo é uma data que costumamos passar em família ou na companhia de amigos, e, dessa vez, fomos tirados da rotina para viver um momento muito especial. Por isso minha gratidão por aquele momento.

Mais uma vez, senti-me um escolhido por Deus, já que Seu plano era me capacitar para o que viria a seguir.

> Deus não escolhe os capacitados, mas capacita os escolhidos.

Realmente, tivemos mais uma experiência de conversão e capacitação. Logo depois da meia-noite, minha esposa passou mal, chegando a desmaiar de tanta dor; mas, devagar, foi se recuperando. Quando isso aconteceu, nossos filhos já estavam dormindo, ou seja, Deus os privou de ver sua mãe sofrendo e de perceber que havia algum problema com ela.

Depois, por volta das seis horas da manhã, as dores voltaram e ela desmaiou outra vez. Então, pedindo a Deus que me dirigisse a um local que pudesse atendê-la, fui à Santa Casa de Misericórdia, onde minha esposa foi submetida a vários exames e constatou-se a necessidade de um procedimento cirúrgico; naquela cidade, porém, não existiam os recursos necessários para a realização de cirurgias.

Ao saber disso, serena e sobriamente tomei as providências cabíveis à situação: voltei à casa em que estávamos hospedados e pedi aos pais de minha esposa, que tinham viajado conosco, para cuidarem das crianças; em seguida, coloquei nossa bagagem no carro e peguei documentos e o que mais pudesse precisar naquele momento em que me dedicaria a outra missão: cuidar da minha esposa.

Enquanto dirigia de volta à Santa Casa para buscar minha esposa, em me lembrava da promessa que fizera no dia do casamento. Tudo me vinha à mente de modo muito claro... Como se fosse um filme, eu me via dizendo a ela: "Eu a recebo como minha esposa e prometo ser fiel na alegria e na tristeza, na saúde e na doença, amando-a e respeitando-a todos os dias da minha vida".

Pois bem, promessa é promessa! E com a certeza e a alegria em Deus, eu a peguei na Santa Casa e fomos diretamente para um hospital em São Paulo, onde todos os exames foram refeitos para a averiguação do diagnóstico correto e, no final do dia, soubemos que se tratava de uma crise de apêndice supurativa avançada e que a cirurgia seria realizada em trinta minutos, e minha esposa foi do pronto-socorro direto para a sala de cirurgia.

Chegara, então, o momento de Deus fazer a Sua obra, e lembrei outra vez do que ouvira d'Ele diante do Santíssimo Sacramento: "Filho, faça a sua parte que Eu farei a minha parte". Aí, pedi-Lhe que realizasse a cirurgia através das mãos dos médicos e enfermeiros que estavam naquele local, e tudo correu maravilhosamente bem, graças a Deus!

Quatro dias depois, voltamos para casa. Do ponto de vista clínico, minha esposa se recuperava bastante bem. Restava, agora, ajustar a rotina da família, e nesse aspecto, também, Deus nos permitiu outro processo de capacitação – iniciamos uma etapa de adaptação das condições físicas ao dia a dia da nossa família, com novas rotinas sendo estabelecidas.

Foi nesse momento, diante de uma situação nova e que exigia mais de mim, que senti o significado da verdadeira doação entre marido e mulher, que requer uma nova forma de capacitação. E eu estava sendo capacitado para tal situação, que implica, além de companheirismo, uma participação mais estreita no "funcionamento" da casa, ou seja, rotina dos filhos, limpeza e alimentação, etc.

Pois é, vida de casado é assim. Temos de ser obedientes e fieis à vontade de Deus, para não cairmos em tentação e nas armadilhas do inimigo.

Confesso que passei um longo tempo de deserto dentro do espírito de doação e serviço para aqueles que Deus me incumbiu de cuidar, e o fiz com alegria.

A dificuldade dessa experiência fez com que me aprofundasse mais no amor infinito de Deus e descobrisse que, mesmo sem percebermos sua importância, Ele nos ama sempre, cada vez mais, e que, na maioria das vezes, nem nos damos conta desse amor que nos chega de graça e sem restrições.

Capítulo 4

Os mandamentos são a planta da obra

O casamento nos faz passar por inúmeras dificuldades, pois se trata de uma eterna construção, na qual o engenheiro responsável é Deus.

Depois de Moisés, os legisladores se limitaram a adaptar a Lei inicial, ajustando-a às diversas situações do cotidiano.

Todas as leis existentes no mundo têm como base os dez mandamentos da Lei de Deus. Eles constituem os pontos de partida das leis comuns e do nosso modo de vida.

> Jesus ensinou que devemos ser fiéis ao propósito predito por Seu Pai, e os mandamentos da Lei de Deus constituem um retrato fiel do que devemos ser.

OS DEZ MANDAMENTOS DA LEI DE DEUS SÃO:

1. Amar a Deus sobre todas as coisas.

2. Não tomar Seu santo nome em vão.

3. Guardar domingos e festas.

4. Honrar pai e mãe.

5. Não matar.

6. Não pecar contra a castidade.

7. Não furtar.

8. Não levantar falso testemunho.

9. Não desejar a mulher do próximo.

10. Não cobiçar as coisas alheias.

É impossível viver um casamento em Deus sem observar esses preceitos básicos, que nem sempre são respeitados. Se o casal não pautar sua conduta por esses mandamentos, o futuro do casamento será totalmente incerto, pois ficará suscetível a tempestades, que culminarão na destruição da família.

AMAR A DEUS SOBRE TODAS AS COISAS

Este mandamento é o mais importante de todos, pois amar a Deus quer dizer colocá-l'O sempre antes de todas as coisas, e fazer isso significa ter sempre atitudes de amor, perseverança e construção.

O amor a Deus deve estar realmente acima de todas as coisas, até mesmo do amor pela família – esposo(a), filhos –, já que, para suportarmos as adversidades do cotidiano, incluindo aquelas que atingem o casamento e a educação dos filhos, Deus deve estar sempre em primeiro plano.

> Só por Deus suportamos tudo, e é para Ele que cuidaremos zelozamente dos filhos que nos confiou.

MEU EXEMPLO

Vamos conversar sobre filhos. Mais especificamente sobre uma situação relacionada a eles que ocorre em quase em todas famílias.

O nascimento dos filhos sinaliza que a atenção da mãe, daquele momento em diante, será prioritariamente deles. A dedicação é total, pois são muitos os afazeres relacionados aos pequenos, o que, de certo modo, quer dizer que o marido terá de se contentar em permanecer em segundo plano. E é nesse momento que entra o poder da oração do marido, que reza por sua família e aceita toda essa partilha em nome de Deus.

Quando vêm os filhos, a esposa quase nem percebe mais a presença do marido, que só é lembrado para exercer as funções de chefe de família.

Nada contra os filhos. Eles são bênçãos derramadas do Céu em cada lar e são a garantia da concretização do plano de Deus. Mas essa questão da falta de atenção da esposa para com o marido depois que eles nascem é concreta e acontece em quase todos os lares, inclusive no meu, pois não sou diferente de ninguém.

Passei muito tempo refletindo sobre toda dificuldade sentimental, afetiva e até mesmo espiritual gerada pelo fato de minha esposa ter se distanciado de mim. Eu mendigava sua atenção e a amava em silêncio. Observava seus gestos, suas atitudes, e até mesmo o desprezo que involuntariamente sentia por mim, esperando por migalhas de afeto para me alimentar delas.

Com certeza, não é uma situação fácil de ser enfrentada sozinho, e eu a enfrentei graças ao imenso amor que tenho por Deus. Suportei tamanha provação apenas porque Deus me sustentou, uma vez que meu lado humano era fraco demais para não pecar. Foi para Deus e por Deus que suportei tudo aquilo, pois se não O amasse acima de todas as coisas, não teria forças para vencer essas dificuldades.

> Deus, em Seu imenso amor por nós, mendiga nossa atenção incessantemente, esperando que caiam migalhas do nosso coração para deliciar-se com nossa esmola e mostrar, de coração, o quanto nos ama e luta para que sejamos fiéis.

Infelizmente, diante dessa situação, muitos maridos cometem vários pecados bárbaros contra Deus, contra sua esposa e contra seus filhos, acabando de vez com a família, pois o inimigo coloca as coisas de maneira fácil e prazerosa, justamente por conhecer nossos pontos fracos – o homem se curva às tentações e, em consequência, destrói sua família.

"Nós não saberíamos dar maior alegria ao nosso inimigo, o demônio, do que nos afastando de Jesus, que lhe tira o poder que ele tem sobre nós." (SANTA MARGARIDA MARIA ALACOQUE)

O equilíbrio é essencial para que sejamos fiéis a Deus, e a fidelidade a Deus é a fidelidade à família, que decorre de todos os outros mandamentos que sucedem este primeiro, que é "amar a Deus sobre todas as coisas". Vejamos, então:

Não tomar Seu santo nome em vão.

Se formos fiéis, jamais tomaremos o Seu santo nome em vão, sendo que O associaremos a coisas positivas e construtivas, dizendo um constante "Não" ao pecado.

Guardar os domingos e festas.

A lição de casa é fácil e deve ser feita com compromisso e alegria; portanto, é fundamental ir à Missa aos domingos sempre em família.

Honrar pai e mãe.

Só assim a família cresce na unidade santa, em que o respeito mútuo e a partilha fazem com que os filhos honrem seus pais e a família humana honre a Sagrada Família, mantendo vivo o Espírito de Deus que habita em cada um de nós.

Não matar.

Só assim não desviaremos nossos atos para celebrar a morte, mas nos manteremos celebrando a vida, que é plena e abundante.

Não pecar contra a castidade.

Pensando desse modo, com o foco sempre em Deus e nos exemplos que Ele nos deu, ficaremos longe do pecado contra a castidade, por sabermos que o amor que Deus selou entre um homem e uma mulher deve ser usufruído entre esposos. Marido e mulher foram feitos para viverem felizes em Deus para sempre. O único homem é aquele que Deus escolheu para ser seu único companheiro, e a única mulher é aquela que Deus escolheu para ser sua única companheira, sendo essa escolha selada pelos laços do casamento.

> Ser casto é não manter relações sexuais fora do casamento; é dar o seu melhor ao cônjuge no plano de amor abençoado por Deus.

Não furtar.

A retidão de pensamento é o que nos assegura a liberdade de escolher viver em Cristo, sem deixar, em momento algum, que nossa paz de viver em Deus seja roubada.

Não levantar falso testemunho.

Guardando-nos dessa maneira e selando um pacto de amor com Deus, jamais tomaremos falso testemunho e jamais duvidaremos da fidelidade que nos sustenta e alimenta, pois seremos uma só carne, não dando brechas para o pecado entrar em nossa casa.

Não desejar a mulher do próximo.

No amor pleno da alegria de viver – o amor abençoado por Deus –, marido e mulher se unem de tal forma em busca de um mesmo ideal, que chegarão aos braços do Pai, pois não cobiçarão nem o homem e nem a mulher do próximo, já que encontram satisfação total e plena um no outro.

Não cobiçar as coisas alheias.

Feliz, o casal se contenta com aquilo que lhe é dado e vive em paz e harmonia todos os preceitos da vida construída a partir do casamento.

> A função dos esposos é cuidar um do outro para, no final da passagem pela Terra, serem devolvidos a Deus do mesmo modo que d'Ele foram recebidos: santos.

Capítulo 5

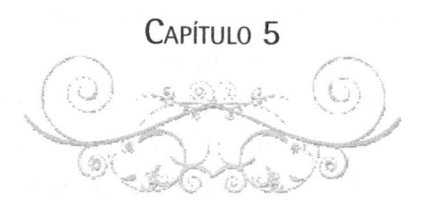

"Dai de graça o que de graça recebestes!"

Desde que fomos concebidos, Deus não faz outra coisa a não ser nos dar! Ele nos dá de tudo e de graça – desde o precioso dom da vida até as mínimas coisas de que necessitamos. De início, porém, não soubemos usar com sabedoria esses presentes; então Ele fez mais, e deu-nos Seu próprio Filho, Jesus.

Ao vir ao mundo, Jesus doou-se a nós por inteiro, e, também, nos ensinou como devemos usar o que o Pai nos dá (isso não quer dizer que tenhamos aprendido, mas a lição foi dada). A crucificação de Jesus para o perdão dos nossos pecados foi Sua maior doação em favor dos homens. Doando-se por inteiro, Jesus nos deu o Céu!

> "O tempo passado diante do Sacrário é o tempo mais bem empregado da minha vida." (Santa Catarina de Gênova)

Se olharmos bem, veremos em todas as coisas da vida, incluindo o casamento, que Deus Pai e Deus Filho se doam a nós o tempo todo – dar e doar são Seus verbos principais!

Toda construção se inicia no alicerce, e assim também deve se iniciar o casamento. Quando um homem e uma mulher se casam, assumem o compromisso de erguer um lar sobre uma rocha, e sabem disso. Mas o que tem de ficar ainda mais claro é que a presença de Deus é fundamental, pois n'Ele está o alicerce.

Com a construção do lar começa a vida em família, na qual o zelo, o carinho, a confiança e, principalmente, a acolhida se tornam fundamentais. Dessa forma, o casal segue em busca do próprio sustento, para ter condições suficientes de satisfazer suas necessidades básicas e amparar a nova família.

O bem-estar do casal vem das conquistas obtidas por meio de enormes dificuldades, as quais se traduzem pela aquisição de bens que darão mais conforto para comer, dormir, receber amigos e se entreter – nesse momento, a casa começa a ser mobiliada e a ficar do jeito tão sonhado.

"O zelo por tua casa me consome..." (Sl 68,10)

Em decorrência disso, surgem novas contas a serem pagas, é claro. Mas, graças a Deus, tudo vai se encaixando de forma a dar continuidade à vida recém-iniciada. Aliás, você já ouviu dizer: "Confia em Deus e Ele tudo providenciará"? Pois é exatamente o que acontece quando o casal confia n'Ele.

Então, vem a pergunta, desconfiada: "Mas Deus não espera nada em troca?". E a resposta é "sim". Em troca, Deus espera que, do mesmo modo, cuidemos e sustentemos nossa casa, cuidemos também da casa. Deus também espera que, como Ele, sejamos capazes de dar e de doar!

Rico não é quem mais tem, mas, sim, quem menos precisa!

"Tive fome e me destes de comer, tive sede e me destes de beber, enfermo e me visitastes." (*Mt* **25,35-36**)

Capítulo 6

Seja fiel ao amor de Deus

Casamento é amor. Ninguém consegue viver sozinho, sem a presença nem a amizade de outras pessoas, e no casamento essa amizade é repartida entre o marido, a mulher, os filhos e a comunidade onde vivem.

O mais difícil no amor é manter-se firme nele. Só Deus é capaz de ser fiel e amoroso de maneira constante, e quando um casal é fiel no amor, isso é um grande sinal – sinal de que Deus está presente em seu amor.

Deus nos fez para a felicidade. Não nascemos para viver sozinhos, mas sim com uma companhia. O homem, quando foi criado, recebeu uma companheira. Então, Deus lhe disse: *"Por isso, o homem deixa o seu pai e sua mãe para se unir à sua mulher; e já não são mais que uma só carne"* (Gn 2, 24).

O ato de unir-se ao sexo oposto para viver em uma só carne é o próprio casamento – sacramento por meio do qual construímos uma família. Casamento é doação total ao outro e a Deus; quando nos casamos, somos chamados a construir uma família cristã, com pensamentos retos e moral ilibada. Contudo, o mal vem se apoderando desse sacramento sem qualquer consideração, valendo-se do casal como meio para destruir, eliminar e desconcertar o convívio familiar.

Muitos dos casamentos feitos na Igreja Católica contrariam a conduta cristã, ou seja, muitos casais comparecem ao altar com desejos carnais e a firme convicção de que, se não der certo, é só se separar.

Podemos concluir que o casamento em si é uma vocação, uma vez que o casal deve estar preparado para direcionar e educar os filhos no caminho de Deus.

Hoje em dia, a grande prova da falta de preparo de muitos casais são os inúmeros casamentos que não dão certo. O divórcio é força do inimigo, e foi criado para separar a união que Deus criou entre dois de seus filhos.

O casamento foi estabelecido por Deus. De acordo com a *Bíblia*, Deus, depois de criar a Adão, disse: *"Não é bom que o homem estejá só. Façamos-lhe uma companheira semelhante a ele"* (*Gn* 2,18). E acrescentou: *"Por isso deixará o homem seu pai e sua mãe e se unirá a uma mulher, e se tornarão uma só carne"* (*Gn* 2,24). Assim, ficou estabelecido o casamento no início da humanidade, e Deus os abençoou, dizendo: *"Crescei, multiplicai-vos e enchei a terra"* (*Gn* 1,28a).

Todo homem e toda mulher são livres para casar-se ou não – ninguém é obrigado a fazê-lo, e o casamento não se constitui sem o livre consentimento dos noivos. Porém, uma vez estabelecida a aliança conjugal, o homem está sujeito às suas leis superiores que regem o casamento.

O caráter sagrado do casamento é reconhecido em todas as culturas, mas, nos últimos tempos, tem se difundido uma visão dele sem referência a Deus, como se dependesse apenas de leis civis ou fosse assunto privado entre um homem e uma mulher. Quem pensa assim é porque não conhece nem ama a Deus – ou afastou-se d'Ele – e acredita que viver em Deus é uma coisa e vida particular é outra, o que é um erro.

Quando erros dessa natureza ocorrem, a dignidade do casamento fica comprometida, abrindo-se as portas para a infidelidade, o divórcio, o amor-livre e outras uniões ilícitas ou irregulares. O amor matrimonial também é profanado quando o casal é egoísta, materialista ou orgulhoso.

A imensa quantidade de famílias que se desfaz – e que aumenta à medida que as pessoas se afastam de Deus – constitui uma das causas mais claras da decadência civil e moral da sociedade.

A família é o grande investimento que Deus criou para a educação de cidadãos retos, que buscam imitar Cristo Jesus. Devemos, portanto, nos curvar a esse amor e, antes de assumir o compromisso do casamento, devemos assumir Deus.

Capítulo 7

Minha experiência na Igreja Católica

"O ato de educar é o prolongamento do ato de gerar, é ir com paciência e perícia, tirando os maus hábitos e descobrindo virtudes." (*Papa João Paulo II*)

A Igreja Católica não exclui ninguém; portanto, se seu casamento foi frustrado, não mude de religião – nossa Igreja não é inconsequente a ponto de perder o interesse por você.

Antes de tomar uma decisão precipitada, converse com um sacerdote para saber o melhor rumo a tomar.

O estudo que descreverei neste capítulo baseia-se na estrutura da Igreja Católica e do direito civil brasileiro com relação ao casamento, e sua abordagem proporciona a estruturação da família e uma consequente melhora na educação dos filhos.

Trata-se de um tema essencial, de grande importância no aspecto social, pois a família é o bem que mais deve ser preservado, e o caminho para constituí-la é o casamento.

Na família reside o compromisso assumido pelos cônjuges de, juntos, buscar uma perfeita comunhão e harmonia, de modo que possam enfrentar com naturalidade as situações que surgirão. Assim, esse estudo demonstra a real importância do casamento, tanto na esfera civil quanto na religiosa, sua constituição, a preparação, a responsabilidade e a maturidade para mantê-lo.

É papel da família transmitir valores morais a seus filhos desde a infância, para que, futuramente, eles saibam usufruir da liberdade de maneira correta.

A vida em uma família estruturada é a iniciação para a vida em sociedade, que se refletirá diretamente na individualidade de cada um – apenas uma família estruturada pode dar a seus filhos o verdadeiro suporte na formação de sua personalidade.

Em uma pesquisa realizada nos Estados Unidos, abordando justamente a formação da personalidade da pessoa, constatou-se que o caráter se forma até os sete anos de idade, e que após essa idade, a personalidade, já constituída, apenas se desenvolve. Então, é preciso investir muito na educação de nossos filhos durante esse período, oferecendo-lhes a base necessária para que possam ser excelentes pessoas no futuro.

A formação religiosa é fundamental e indispensável; portanto, é nosso dever em Deus educarmos nossos filhos.

> "Não é para ficar numa âmbula de ouro que Jesus desce cada dia do Céu, mas para encontrar um outro céu, o da nossa alma, onde Ele encontra as Suas delícias.
>
> "Quando o inimigo não pode entrar com o pecado no santuário de uma alma, quer pelo menos que ela fique vazia, sem dono e afastada da Eucaristia." (Santa Teresinha)

O Código de Direito Canônico, promulgado pelo Papa João Paulo II, em 1983, define o casamento como sendo o pacto matrimonial pelo qual o homem e a mulher constituem entre si o consórcio de toda a vida, por sua índole natural ordenado ao bem dos cônjuges e à geração e educação da prole, sendo elevado à dignidade de sacramento pela Igreja Católica. (cf. *Cân*. 1055)

Casamento é a íntima comunhão de vida e de amor conjugal que Deus fundou com base em Suas leis. É uma aliança ou um contrato em que duas pessoas se dão totalmente uma à outra, com a finalidade de se ajudarem mutuamente, e dessa complementação nasce a família.

O casamento religioso é um contrato para a vida toda, e indissolúvel por qualquer ato humano. Ele é formalizado perante a comunidade eclesial, na presença de uma testemunha oficial da Igreja (sacerdote) e das testemunhas que conhecem os contraentes (os noivos), que representam a sociedade.

O sacerdote ouve e abençoa o compromisso feito pelo casal, mas sua função principal é verificar se tudo está se realizando conforme as normas – é para isso, principalmente, que ele é escalado pela Igreja: para ser uma testemunha oficial na celebração do casamento.

Para ser válido, o casamento deve ser celebrado de acordo com todas as normas canônicas, e a Igreja não anula uniões sacramentais contraídas de modo válido, pois não há divórcio segundo a lei de Cristo.

"Todo o que abandonar sua mulher e casar com outra comete adultério; e quem se casar com a mulher rejeitada, comete adultério também." (Lc 16,18)

A NULIDADE DO CASAMENTO

Até o final deste capítulo, o texto pode ser um pouco cansativo, mas não desista, pois é muito importante o conhecimento destes documentos, até mesmo porque você pode conhecer alguma pessoa que precise desta orientação para resolver alguma situação.

Após um processo meticuloso, a Igreja pode reconhecer que o casamento nunca existiu, mesmo que todos os trâmites canônicos tenham sido cumpridos.

O casamento contraído de forma válida faz com que passe a existir um vínculo perpétuo e exclusivo entre os cônjuges. A legislação atual da Igreja leva em conta as capacidades e limitações psíquicas dos noivos para contrair as obrigações do casamento, que devem durar, *"até que a morte os separe"* – esse é o verdadeiro sentimento que devemos carregar no coração ao optar pelo casamento. Mas pode acontecer que o vínculo matrimonial nunca tenha existido, devido um vício que tornará nulo o consentimento dos noivos.

Anulação e declaração de nulidade

A diferença entre anular e declarar nulo é a seguinte:

- *Anular* significa desfazer ou destruir o vínculo matrimonial;
- *Declarar nulo* implica averiguar e tornar público o fato de nunca ter havido vínculo matrimonial.

A maioria das pessoas não estão esclarecidas a respeito desse assunto, e muitas vezes sofrem o fracasso de um casamento que talvez nunca tenha existido.

A doutrina católica diz que um casamento válido e consumado (completado pela cópula) só pode ser dissolvido pela morte; assim, nunca é anulado. Mas, veja bem: a referência é ao casamento "válido e consumado". E o casamento ao qual tenham faltado as condições essenciais para que seja considerado válido? Este pode ser declarado nulo. Vejamos, então, quais são as condições para que seja declarada a nulidade de um casamento.

FALHAS DE CONSENTIMENTO

(cânones 1057 e 1095-1102)

Falta de capacidade para consentir (cânon 1095)

Ignorância (cânon 1096)

Erro (cânones 1097 e 1099)

A.4 Simulação (cânon 1101)

Violência ou medo (cânon 1103)

Condição não cumprida (cânon 1102)

IMPEDIMENTOS DIRIMENTES

(*cânones* 1083-1094)

Idade (cânon 1083)

Impotência (cânon 1084)

Vínculo (cânon 1085)

Disparidade de culto (cânon 1086)

Ordem sacra (cânon 1087)

Profissão religiosa perpétua (cânon 1088)

Rapto (cânon 1089)

Crime (cânon 1090)

Consanguinidade (cânon 1091)

Afinidade (cânon 1092)

Honestidade (cânon 1093)

Parentesco legal por adoção (cânon 1094)

FALTA DE FORMA CANÔNICA NA CELEBRAÇÃO DO
MATRIMÔNIO

(cânones 1108-1123)

Como se percebe, há uma previsão legal com base no Código de Direito Canônico, por meio do cânon, sendo condições especiais para declarar a nulidade do casamento religioso.

FALHAS DE CONSENTIMENTO

Consentimento é um ato humano, pelo qual os cônjuges se doam e se recebem mutuamente. Para maior clareza, os cônjuges são um homem e uma mulher batizados e livres para contrair matrimônio, que expressam espontaneamente seu consentimento.

Ser livre significa não sofrer constrangimento e não ser impedido por uma lei natural ou eclesiástica. Se faltar essa liberdade o casamento será declarado inválido. Problemas relacionados a consentimento são um dos motivos mais alegados para a obtenção da declaração de nulidade matrimonial. Diz o Código de Direito Canônico:

> *Cânon 1057*
>
> *§ 1º. É o consentimento das partes legitimamente manifestado entre pessoas juridicamente hábeis que faz o ma-*

trimônio; esse consentimento não pode ser suprido por nenhum poder humano.

§ 2º. O consentimento matrimonial é o ato de vontade pelo qual um homem e uma mulher, por aliança irrevogável, se entregam e se recebem mutuamente para constituir matrimônio.

Assim, quando algo interfere na manifestação de vontade de um dos cônjuges, diz-se que houve "vício de consentimento".

Outras condições, no âmbito geral, podem viciar o consentimento, levando à invalidação o casamento, tais como: imaturidade psicológica do cônjuge, enfermidade psicológica congênita ou adquirida, embriaguez ou uso de drogas. Todavia, analisaremos as formas específicas de nulidade do casamento religioso.

FALTA DE CAPACIDADE PARA CONSENTIR

O compromisso de passar o resto da vida com outra pessoa, para que seja válido, exige consciência das obrigações a serem assumidas e plena escolha. Por essa razão, lê-se no cânon 1095:

São incapazes de contrair matrimônio:

1º. os que não têm suficiente uso da razão;

2º. os que têm grave falta de discrição de juízo a respeito dos direitos e obrigações essenciais do matrimônio, que se devem mutuamente dar e receber;

3º. os que não são capazes de assumir as obrigações essenciais do matrimônio, por causas de natureza psíquica.

O primeiro item refere-se não apenas as crianças e doentes mentais, mas a todos aqueles que não estejam de plena posse de suas faculdades mentais no momento da manifestação do consentimento. Podem ser pessoas perturbadas por traumas psíquicos ou pessoas sob o efeito de drogas ou álcool. Os noivos, além do uso da razão, devem ter maturidade intelectual e afetiva, proporcional à decisão que vão tomar.

No segundo item, "*falta de discernimento a respeito dos direitos e obrigações essenciais do matrimônio*" refere-se ao conhecimento das obrigações que o nubente contrai, aplicadas de forma concreta no matrimônio, ou seja, à consciência de que, entre os deveres conjugais, está a obrigação de comunhão de vida.

O discernimento leva em conta que o noivo ou a noiva já ultrapassaram a idade mental da adolescência, e têm a estabilidade necessária ao casamento. A falta de discernimento pode ter como causa: a imaturidade afetiva, retardamento intelectual e instabilidade psicológica.

O terceiro item se refere aos ineptos, ou seja, àqueles que não são capazes de assumir as obrigações básicas do casamento em razão de problemas psíquicos. Refere-se a pessoas que, mesmo tendo discernimento, têm algum tipo de desvio de personalidade que impede a sustentação do matrimônio, e também às transtornadas por estados obsessivos que resultam de ideias fixas, neuroses e outras perturbações mentais.

É difícil estabelecer o limite entre a maturidade e a imaturidade afetiva, assim como entre a capacitação e a incapacitação para a comunhão de vida. Os tribunais eclesiásticos têm de recorrer a peritos em psicologia para julgar tais casos, valendo-se do subjetivismo destes para julgar.

IGNORÂNCIA

Cânon 1096:

§ 1º. *Para que possa haver consentimento matrimonial, é necessário que os contraentes não ignorem, pelo menos, que o matrimônio é um consórcio permanente entre homem e mulher, ordenado à procriação da prole por meio de alguma cooperação sexual.*

§ 2º. *Essa ignorância não se presume depois da puberdade.*

Os noivos devem saber que o matrimônio é uma comunhão de vida e interesses entre um homem e uma mulher, a qual deve ser permanente, estável, e destinada à procriação. Segundo o § 2º do cânon 1096, presume-se que, após a puberdade, rapazes e moças conheçam as noções fundamentais de tal processo.

ERRO

Erro e ignorância não são a mesma coisa. *Ignorância* significa ausência de noções, enquanto *erro* é a presença de noções falsas. Algumas modalidades de erro são:

– *Erro a respeito do matrimônio.*
Mais de um tipo de definição de casamento refere-se a ser uma comunhão de vida monogâmica e indissolúvel, elevada por Cristo a uma dignidade singular. Assim, aquele que têm concepções falsas incorrem no chamado "erro de direito".

Hoje em dia, muitos casais pensam em dissolver o casamento caso não sejam felizes. Entretanto, o cânon 1099 diz o seguinte a respeito dessa conduta: *"O erro a respeito da unidade, da indissolubilidade ou da dignidade sacramental do matrimônio, contanto que não determine a vontade, não vicia o consentimento matrimonial"*. E a Conferência Nacional dos Bispos do Brasil (CNBB) diz: "Cuidem os sacerdotes de verificar se os nubentes estão dispostos a assumir a vivência do matrimônio com todas as suas exigências, inclusive a de fidelidade total, nas várias circunstâncias e situações da sua vida conjugal e familiar. Tais disposições dos nubentes devem explicitar-se numa declaração de que aceitam o matrimônio tal como a Igreja o entende, incluindo a indissolubilidade" (*Orientações pastorais sobre o matrimônio*, nº 2.151).

– *Erro sobre a identidade da pessoa.*

Como o § 1º do cânon 1097 diz que *"o erro de pessoa torna inválido o matrimônio"*, é importante distinguir entre identidade física, que se refere à pessoa em si, e identidade moral, que diz respeito à sua personalidade e necessita de uma série de elementos para se formar.

A identificação da identidade moral de uma pessoa depende da noção subjetiva que alguém tenha do consorte ideal. Ressalte-se, porém, que todos somos sujeitos a falhas e a causar decepções, de modo que sempre haverá um certo desapontamento entre o casal, o que é tolerável e não invalida o casamento. Entretanto, algumas atitudes do cônjuge que aparecem após o casamento podem revelar uma personalidade diferente daquela que o outro cônjuge conhecia, apontando para um erro em relação à pessoa que pode tornar nulo o casamento.

A questão ainda é controvertida, devido ao subjetivismo usado para identificar se houve erro da personalidade do cônjuge contraente. Mas o julgamento se torna ainda mais difícil quando há erro sobre as qualidades da pessoa, como veremos a seguir.

– *Erro sobre as qualidades da pessoa.*

O § 2º do cânon 1097 diz que o erro de qualidade da pessoa, embora seja causa do contrato, não torna nulo o casamento, salvo se essa qualidade for direta e visada. Tal assunto é complexo, uma vez que depende de se determinar o limite entre uma qualidade que não muda a personalidade e a personalidade propriamente dita.

É preciso ter claro o que são falhas humanas previsíveis e aceitáveis, e o que são as inaceitáveis. O erro sobre as qualidades da pessoa, porém, não invalida o casamento, a não ser que se trate de qualidade direta e principalmente visada, ou seja, de uma qualidade específica que o consorte fazia questão de encontrar no parceiro.

SIMULAÇÃO

Simulação é uma mentira que pode ocorrer no próprio ato do casamento. Todavia, existe um princípio geral do direito que supõe que as pessoas dizem a verdade, enquanto não se prove o contrário. Por isso, os primeiros parágrafos do cânon 1101 dizem:

> § 1º. *Presume-se que o consentimento interno está em conformidade com as palavras ou com os sinais empregados na celebração do matrimônio.*
>
> § 2º. *Contudo, se uma das partes ou ambas, por ato positivo de vontade, excluem o próprio matrimônio, algum elemento essencial do matrimônio ou alguma propriedade essencial, contraem-no invalidamente.*

A simulação pode ser total ou parcial.

– *Simulação total*: o contraente expressa seu consentimento com palavras, mas recusa-o interiormente – tal situação costuma ocorrer quando alguém se casa obrigado, o que não é raro hoje em dia. Por exemplo: um rapaz que engravida uma moça é obrigado a casar-se com ela.

– *Simulação parcial*: um dos parceiros aceita o casamento, mas recusa-se a obedecer suas regras essenciais, como a monogamia, a procriação e a sua indissolubilidade (querer se divorciar) – nesse caso, para que o casamento seja nulo, não basta pensar em divorciar-se, mas querer fazê-lo de fato.

VIOLÊNCIA OU MEDO

> *Cânon 1103: É inválido o matrimônio contraído por violência ou medo grave proveniente de causa externa, ainda que incutido não propositadamente, para se livrar do qual alguém seja forçado a escolher o matrimônio.*

É para evitar situações como a prevista nesse cânon que se diz que o consentimento matrimonial deve ser expresso com liberdade e sem qualquer tipo de constrangimento. Mas, ainda assim, há situações em que um dos noivos, ou até mesmo os dois, não encontram outra saída para evitar um mal maior que não seja o casamento.

Depois, se for o caso de pleitear a nulidade do casamento sob essa alegação, é importante saber que, apesar de a gravidade do mal ser avaliada segundo critérios subjetivos, ele terá de ser real, ou seja, não poderá ser fruto da imaginação.

CONDIÇÃO NÃO CUMPRIDA

Tal situação ocorre quando alguém faz seu consentimento depender de uma condição que, depois, não é cumprida. O ideal é que não haja condições antes do casamento; aliás, o Código de Direito Canônico prescreve que o uso de condições pelos nubentes requer licença prévia de autoridade eclesiástica.

Cânon 1102:

§ 1º. Não se pode contrair validamente o matrimônio sob condição de futuro.

§ 2º. O matrimônio contraído sob condição de passado ou de presente é válido ou não, conforme exista ou não aquilo que é objeto da condição.

§ 3º. Todavia, a condição, mencionada no § 2º, não pode licitamente ser colocada sem a licença escrita do Ordinário local.

Impedimentos dirimentes

As normas de impedimentos ao casamento são estipuladas tanto pela Igreja, quanto pelo Código Civil. Elas restringem o direito ao casamento em doze hipóteses graves, que veremos a seguir, visando ao bem dos interessados e da sociedade em geral.

Idade

Para mulheres, a idade mínima é 14 anos, e para homens, 16 anos. Raras vezes os bispos dispensam essa condição.

Impotência

Significa a incapacidade de praticar a cópula conjugal, seja antes do casamento e perpétua, absoluta, ou relativa. Não se devem confundir *incapacidade de copular*, que se refere à realização da relação sexual que consuma o contrato matrimonial, com *esterilidade*, que se restringe à incapacidade de gerar filhos. Vejamos os tipos de impotência:

– *Absoluta*: é a impotência incurável, que torna nulo o casamento mesmo que o cônjuge tivesse conhecimento prévio da situação e a tivesse aceitado.

– *Relativa*: impede que a pessoa se relacione sexualmente com algumas pessoas. Nesse caso, médicos e psiquiatras deverão avaliar se a condição é perpétua ou temporária e com esperança de cura.

Vínculo

Muito diretamente, os parágrafos 1º e 2º do cânon 1085 afirmam que não importa que não tenha havido consumação nem que o casamento tenha sido dado como nulo ou dissolvido, pois, antes de contrair novo casamento, os interessados devem certificar-se muito bem de que não há vínculo anterior.

Cânon 1085:

§ 1º. *Tenta invalidamente contrair matrimônio quem está ligado pelo vínculo de matrimônio anterior, mesmo que este matrimônio não tenha sido consumado.*

§ 2º. *Ainda que o matrimônio anterior tenha sido nulo ou dissolvido por qualquer causa, não é lícito contrair outro, antes que conste legitimamente e com certeza a nulidade ou a dissolução do primeiro.*

Disparidade de culto

Isso significa que é inválido o casamento entre um católico e uma pessoa não batizada, se a parte católica não pedir dispensa do impedimento. Essa dispensa pode ser concedida pelos bispos, desde que ocorram três hipóteses:

– A parte católica declarar estar disposta a afastar os perigos de abandono de fé e prometer fazer tudo para que seus filhos sejam batizados e educados na Igreja Católica.

– A parte não católica ser informada do compromisso acima.

– As partes serem instruídas a respeitos dos fins e propriedades que são a essência do matrimônio.

ORDEM SACRA

O cânon 1087 diz que contrai invalidamente o matrimônio aqueles que recebem ordens sagradas: diaconal, presbiteral ou episcopal.

PROFISSÃO RELIGIOSA PERPÉTUA

Diz o cânon 1088 que "*tentam invalidamente o matrimônio os que estão ligados por voto público perpétuo de castidade num instituto religioso*".

RAPTO

Conforme o cânon 1103, um cônjuge levado à força não pode se casar validamente com quem estiver praticando essa violência.

CRIME

Aquele que mata seu esposo ou esposa para facilitar um novo matromônio está impedido de realizar esse casamento. Também, se um homem e uma mulher, de comum acordo, matam o esposo ou esposa de um deles, não podem se casar validamente.

CONSAGUINIDADE

É impedido o casamento na linha vertical, ou seja, pai com filha ou avô com neta. E, na linha horizontal, o impedimento vai até o quarto grau, ou seja, atinge tios e sobrinhos e primos irmãos.

Cânon 1091:

§ 1º. *Na linha reta de consanguinidade, é nulo o matrimônio entre todos os ascendentes e descendentes, tanto legítimos como naturais.*

§ 2º. *Na linha colateral, é nulo o matrimônio, até o quarto grau inclusive.*

§ 3º. *O impedimento de consanguinidade não se multiplica.*

§ 4º. *Nunca se permita o matrimônio, havendo alguma dúvida se as partes são consanguíneas em algum grau de linha reta ou no segundo grau da linha colateral.*

AFINIDADE NA LINHA LERTICAL

O cânon 1092 diz que "*a afinidade em linha reta torna nulo o matrimônio em qualquer grau*". Assim, na hipótese de viuvez, não há matrimônio válido entre o marido e as consanguíneas da esposa nem entre a esposa e os consanguíneos do marido. Por exemplo, um viúvo que não pode se casar com a mãe ou a filha da sua ex-esposa. Na linha horizontal, porém, não há impedimento, ou seja, esse viúvo pode se casar com uma irmã de sua falecida esposa.

HONESTIDADE PÚBLICA

Diz o cânon 1093 que o impedimento de honestidade pública origina-se de matrimônio inválido, depois de instaurada a vida comum, ou de um concubinato notório e público; e torna nulo o matrimônio no primeiro grau da linha reta entre o homem e as consanguíneas da mulher, e vice-versa.

Dito de maneira mais simples, esse cânon quer dizer que quem vive uma união ilegítima encontra-se impedido de se casar com os filhos ou os pais de seu companheiro.

PARENTESCO LEGAL

Não se permite o casamento entre o adotante e o adotado, ou entre um destes e os parentes mais próximos do outro. Não podem contrair validamente matrimônio os que estiverem ligados por parentesco legal surgido de adoção, em linha reta ou no segundo grau da linha colateral.

FALTA DE FORMA CANÔNICA NA CELEBRAÇÃO DO MATRIMÔNIO

A forma canônica é o conjunto de elementos exigidos para a celebração do ritual do casamento. Para tanto, a cerimônia deve ser realizada perante o pároco do lugar, com a presença de pelo menos duas testemunhas, que serão os padrinhos. A forma canônica só obriga os católicos.

Em caso de casamento entre católico e não católico, é facultado ao bispo conceder a dispensa da forma canônica.

O cânon 1116, a seguir, indica os casos em que a forma canônica é dispensada:

> § 1º. *Se não é possível, sem grave incômodo, ter o assistente competente de acordo com o direito, ou não sendo possível ir a ele, os que pretendem contrair verdadeiro matrimônio podem contraí-lo válida e licitamente só perante as testemunhas:*
>
> 1º. *– Em perigo de morte.*

2º. – *Fora de perigo de morte, contanto que prudentemente se preveja que esse estado de coisas vai durar por um mês.*

§ 2º. Em ambos os casos, se houver outro sacerdote ou diácono que possa estar presente, deve ser chamado, e ele deve estar presente à celebração do matrimônio juntamente com as testemunhas, salva a validade do matrimônio só perante as testemunhas.

A ESTRUTURA DO PODER NA IGREJA CATÓLICA

O poder supremo na Igreja Católica é exercido pelo pontífice romano, pelo Supremo Tribunal ou pela Sé Primeira.

Qualquer fiel pode recorrer diretamente à Sé Primeira, mas, por questão de organização interna, o juiz de Primeira Instância em cada diocese é o bispo, que pode exercer esse poder ou delegá-lo a um vigário judicial e nomear juízes eclesiásticos. Assim sendo, o vigário judicial, o bispo e os demais juízes formam o Tribunal Eclesiástico.

Em geral, as causas julgadas nesse tribunal se referem a separação de cônjuges, declaração de nulidade matrimonial, delitos praticados por sacerdote, entre outras. O tribunal atuará colegialmente em turnos de três juízes, salvo exceções.

O tribunal não dissolve um matrimônio, pois, perante a Igreja, o sacramento é indissolúvel; assim, não se trata de um tribunal de divórcio. Cabe ao tribunal examinar os fatos e verificar se existiu ou não um vínculo matrimonial válido.

A nulidade do matrimônio é dada por um julgamento do Tribunal Eclesiástico, e pode ser requerida por qualquer um dos cônjuges. O interessado deve comparecer ao tribunal e solicitar uma entrevista preliminar com um dos juízes, na qual contará sua situação. Após tal entrevista, receberá orientação para iniciar o processo, mediante uma petição inicial escrita. Há alguns advogados credenciados no Tribunal Eclesiástico que são especialistas nesses assuntos.

O interessado apresentará testemunhas e provas documentais, e a outra parte interessada será notificada pelo correio, podendo contestar ou renunciar ao direito de fazê-lo. Se renunciar, o processo seguirá seu curso. Se contestar, deverá expôr sua versão dos fatos, apresentando suas testemunhas e documentos, iniciando desta forma o processo.

Qualquer pessoa que saiba dos fatos poderá testemunhar, não havendo impedimento algum quanto ao testemunho de familiares, afinal, são os que mais conhecem a realidade do casal.

O tempo do processo dependerá da facilidade ou da dificuldade da instrução processual. Afinal, uma das partes pode não residir no mesmo local em que estiver correndo o processo de nulidade, fazendo com que o trâmite seja mais lento que o costume. Em média, esse processo se estende por um período de um a dois anos, e as despesas variam entre um e cinco salários mínimos, dependendo dos meios e dos recursos que forem utilizados.

Uma vez proferida a sentença pelo Tribunal Eclesiástico, esta deve ser confirmada por outro tribunal, que funciona como segunda instância. Assim, o processo só terminará quando houver duas sentenças favoráveis declarando o matrimônio nulo, ou seja, como se nunca tivesse acontecido, permitindo que as partes se casem novamente na Igreja, como se fosse a primeira vez. Havendo divergência entre os tribunais de primeira e de segunda instâncias, poderá haver apelação, que irá para o Tribunal da Rota Romana, em Roma (Itália).

Convém deixar claro que o processo de nulidade do casamento não é uma forma disfarçada de admissão do divórcio pela Igreja. O tribunal aprecia de forma justa situações difíceis, nas quais há dúvidas e incertezas. Quando a situação discutida deixar dúvidas, a sentença será pela validade do casamento, ou seja, a continuidade do matrimônio.

Após tão detalhada explanação sobre o processo de nulidade do casamento, nada mais oportuno que apresentar uma história de vida, o relato de alguém que vivenciou o desprendimento e a graça que Deus faz em quem confia cegamente n'Ele:

> Nós nos conhecemos na Comunidade de Santa Teresinha, que frequentávamos às quartas-feiras. Lá, alguns amigos nos apresentaram e passamos a frequentar os mesmos lugares: grupos de oração, encontros de jovens, casas de amigos, missas, festas de amigos e outras atividades.
>
> Então, começamos a nos encontrar, a fim de nos conhecermos melhor e, quem sabe, iniciarmos um namoro.

Conversamos, e ele foi logo me contando sobre seu passado: disse que já tinha sido casado e que desse relacionamento nasceu uma criança, na época com três anos. Confesso que fiquei assustada, pois iniciar uma relação assim é complicado, mas conversamos muito e começamos a nos encontrar mais vezes, dando início ao namoro. Ele era meu primeiro namorado sério, daqueles de levar em casa, apresentar à família, aos amigos... Enfim, nos víamos quase todos os dias, pois estávamos desempregados.

O tempo foi passando e as coisas foram esquentando entre nós, até que um dia resolvemos ficar juntos, ou seja, resolvi me entregar a ele. Acreditava, e acredito, que era o homem ideal para mim, pois eu era virgem e queria que minha primeira vez fosse especial, com alguém muito carinhoso e atencioso, que depois de passarmos a noite juntos teríamos o prazer de acordar juntos e de permanecer juntos. Foi aí que aconteceu a primeira de muitas outras transas que tivemos. No começo, era fantástico, pois tudo era novidade para mim. Depois, passou a ser normal, ou melhor, acreditávamos que era normal.

Tudo ia muito bem, mas ao começar a fazer a faculdade, conheci pessoas que viviam de forma diferente, falavam outras línguas, e isso despertou a minha curiosidade, de modo que mudei muito com ele. Atravessamos algumas dificuldades e achamos melhor terminar tudo.

Alguns dias se passaram, e depois de muito conversarmos, decidimos voltar. Na verdade, ficamos apenas sem nos ver, mas nos falávamos todos os dias por telefone durante horas. Reatamos, e, para ficar melhor, tivemos mais algumas noites juntos para resolver tudo, ou achar que resolvíamos.

Passaram-se alguns anos, e tudo continuava igual. Ficávamos muito na casa dele, onde tínhamos total liberdade, o que era fantástico. Mas, como nada é perfeito, voltamos a brigar muito, mesmo tendo certeza do que sentíamos um pelo outro. Sabíamos que nosso amor era muito forte, mas como estava ficando sufocado diante de tantas brigas, resolvemos nos separar outra vez. Felizmente, Deus não deixou que isso acontecesse.

Deus, em Sua infinita bondade, nos mostrou pessoas iluminadas por Ele, para que pudéssemos viver conforme Seus mandamentos. E um casal de amigos voltou a falar-nos sobre a castidade, mas, dessa vez, de forma mais clara, mais objetiva, fazendo-nos entender o quanto feríamos a Deus com nosso comportamento. Eles nos apresentaram outros casais que viviam a castidade e tinham um relacionamento maravilhoso, baseado em companheirismo e diálogo. Não sabíamos conversar, já que era mais fácil deixar os problemas para depois e fazer outras coisas. Passamos, então, a viver a castidade.

No começo, foi muito difícil, pois tínhamos um ritmo de vida agitado e, de uma hora para outra, tivemos de mudar nossos hábitos, maneiras de falar, roupas, comportamentos. Enfim, tivemos de começar do zero, e isso era muito complicado, já que sentíamos muita vontade de ficar juntos, de nos tocar, pois tudo em nosso corpo ainda funcionava e, graças a Deus, funciona.

Choramos muito juntos, mas, com a ajuda de outros casais, conseguimos conviver com essas mudanças.

Mas como Deus não faz nada pela metade, Ele ainda tinha algo a mudar em nossas vidas – digo "nossas" porque eu, de certa forma, estava muito envolvida com todas as coisas que eram dele. E vieram outras pessoas, que nos falaram sobre a nulidade matrimonial, por meio da qual poderíamos conseguir autorização para casarmos na nossa Igreja Católica Apostólica Romana.

Conversamos com o padre Edval, que esclareceu muitas dúvidas e nos encaminhou ao Tribunal Eclesiástico, para que pudéssemos dar entrada no processo. Então, ficamos sabendo do tempo aproximado que levaria, da burocracia envolvida, das exigências, enfim, de todo o procedimento e, também, da incerteza de que a nulidade seria favorável a ele.

O tempo foi passando e as notícias eram escassas, incertas, mas não nos deixamos abater e rezamos muito para que fosse feita a vontade de Deus. Podemos dizer que somos pessoas privilegiadas por termos amigos que nos ajudaram muito, nos deram muita força, choraram conosco e rezaram muito por nós.

Na ocasião, tínhamos nossa casa praticamente pronta, e, mesmo diante das incertezas, continuamos as obras e conseguimos concluí-la. Depois, fomos a um acampamento para casais na Comunidade Canção Nova. Lá, ouvimos muitas coisas fantásticas, que certamente nos ajudarão no futuro. Estávamos ouvindo uma palestra do Padre Léo, e, em meio a tantas coisas boas, um grande amigo virou-se para nós e disse: "Ainda nesta semana, meus queridos, vocês receberão a boa notícia da nulidade, que lhes permitirá ser uma só carne".

Foi tão bom ouvir aquilo... Mais uma vez, era um sinal de Deus a nos dizer que tudo já estava pronto, já que, há alguns dias, antes de irmos à Canção Nova, em minhas orações, eu ouvi uma voz me dizer: "Por que ainda clamas? É só ir buscar". Na minha ignorância, porém, não dei atenção. Então, Deus usou esse nosso amigo para confirmar o que me havia dito em oração.

Voltamos, e na mesma semana (quinta-feira) o "Gordo" recebeu um aviso do Tribunal, pedindo-lhe que comparecesse lá, pois o processo tinha terminado e estava disponível para consulta. Imediatamente, ele me ligou para dar a notícia. Engraçado foi que, ao receber a notícia, comuniquei à minha gerente e chorei muito de felicidade, mesmo sem saber se a resposta era favorável para nós, ou seja, se tínhamos conseguido a nulidade do casamento do "Gordo". Mas, como cremos num Deus do impossível, que tudo pode, a resposta não podia ter sido outra: a nulidade era favorável. Ele estava livre para formar uma família comigo.

Partilhamos isso com nossos amigos, que receberam a notícia com muita alegria, e agradecemos juntos pela grande graça que Deus nos concedeu.

Casamo-nos dia 29 de outubro de 2005, e como não poderia ser diferente, esses mesmos amigos estiveram conosco no altar, para testemunhar tal graça.

Sabemos que iniciamos uma nova etapa de nossas vidas, mas estamos muito confiantes, pois nosso relacionamento está consagrado a Deus e à Nossa Senhora, que nos deu muitas forças.

O desapego das coisas e dos excessos do mundo faz com que maravilhas aconteçam em nossa vida. É preciso ser prudente e saber que toda a nossa confiança está em Deus. Mas como é difícil esperar o tempo d'Ele...

Felizes os que esperam em Deus!

Essa é uma história que acompanhei de perto, desde o primeiro casamento do "Gordo" (como o chamamos carinhosamente), quando ele tinha apenas 16 anos, que, por enquadrar-se em algumas das situações previstas, foi declarado nulo.

O que mais me encantou foi que, a partir do momento em que os dois encontraram Deus, deixaram de lado a vida que levavam para acreditar n'Ele e começar uma vida nova.

O propósito deles sempre foi amar a Deus acima de tudo, e essa confiança os levava a saber que, se a nulidade não fosse concedida, cada um seguiria o próprio caminho, pois, juntos, não poderiam mais fazê-lo.

> "Não somos nós que transformamos Jesus Cristo em nós, como fazemos com os outros alimentos que tomamos, mas é Jesus Cristo que nos transforma n'Ele."
> (Santo Agostinho)

Este é um grande exemplo para muitos, e sei que esse casamento foi fundado em "rocha pura".

O comodismo de muitos casais faz com que precipitem a união e vivam eternamente infelizes, mas exemplos como esse mostram que sempre se pode dizer "Chega!", e assumir seu verdadeiro papel em Deus.

Capítulo 8

A FAMÍLIA DEVE SER EVIDENCIADA E PRESERVADA

"Quem destrói a família, tecido fundamental da convivência humana [...] causa uma profunda ferida na sociedade." (Papa João Paulo II)

A família, vista da ótica religiosa, foi classificada pelo Papa João Paulo II como "Santuário da Vida". Santuário significa lugar sagrado, no qual a vida humana surge de uma nascente sagrada, em que é cultivada e formada. Segundo o Catecismo da Igreja Católica, a família procriadora e educadora é reflexo da obra criadora do Pai.

"A família é a comunidade na qual, desde a infância, se podem assimilar os valores morais, em que se pode começar a honrar a Deus e a usar corretamente da liberdade. A vida em família é a iniciação para a vida em sociedade." (CIC 2207)

Se destruirmos a família, destruiremos a sociedade, pois está cada vez mais claro que a razão do sofrimento de crianças, jovens, adultos e idosos provém da destruição dos lares que, hoje em dia, estão sem estrutura para assimilar e ensinar os valores morais, essenciais à vida.

É cada vez mais difícil assegurar que os filhos tenham uma personalidade firme e equilibrada. Muitos filhos têm de conviver com imoralidade, insegurança e até mesmo com a ausência de seus pais, que, muitas vezes, não conseguem criá-los da forma como gostariam.

Essa questão enfoca o grande problema que as famílias enfrentam na atualidade, com a sociedade tornando-se cada vez mais capitalista e fazendo com que pais e mães passem o dia todo fora de casa, trabalhando, sem poder acompanhar a educação de seus filhos.

Essa situação, de certa forma, reflete a nossa participação na manutenção – e até no aumento – dos índices de criminalidade no país. Não podemos apenas culpar os governantes dos diversos crimes que acontecem diariamente, mas precisamos assumir nosso papel de colaboradores, educando adequadamente nossos filhos dentro dos preceitos cristãos, para que, no futuro, eles possam gozar de maior tranquilidade.

Chega de ficar apontando o dedo para os defeitos do mundo, omitindo-se de tentar melhorá-lo. Levante-se e comece essa revolução hoje, dentro da sua casa, amando sua esposa, seu marido, e educando corretamente seus filhos.

Segundo o professor Caio Mário da Silva Pereira, na obra *Instituições de Direito Civil*,[3] a família é o conjunto de pessoas que descendem do tronco ancestral comum, acrescentando o cônjuge, os enteados, genros, noras e cunhados.

Em outro livro, *Direito de Família*,[4] Orlando Gomes acrescenta o critério da legitimidade, de acordo com o qual a família é o grupo composto por marido, mulher e filhos fundados no casamento.

Hoje em dia, mais de 30% dos casais chegam ao divórcio antes de completar um ano de vida conjugal, e essa situação infeliz é gerada pela falta de preparo para a vida matrimonial. Homens e mulheres se preparam para tudo, menos para o casamento. E isso acontece porque os casais dão mais atenção ao aspecto material e financeiro do que às questões profundas da vida em comunhão, muitos buscam o casamento apenas por não desejarem ficar sozinhos.

Os cursos de noivos, ministrados em comunidades de todo o país, precisam ser atualizados, principalmente quanto à espiritualidade, sem a qual não existe um casamento harmonioso. Muitos casais procuram tais cursos, mas, em geral, não saem deles motivados, achando-os cansativos, o que talvez ocorra por estarem (os cursos) ultrapassados.

---

3 PEREIRA, Caio Mario da Silva. *Instituição de Direito Civil*. Rio de janeiro: Companhia Editora Forense, 1976.
4 GOMES, Orlando. *Direito de família*. 4. ed. São Paulo: Editora Forense, 1981.

Deve haver uma renovação nesses cursos, para que possam oferecer um preparo melhor para o matrimônio. É inconcebível e inaceitável que neles não se fale nada sobre a castidade.

Encontrando a sintonia

Há pessoas que se casam por motivos fúteis – deixar a casa dos pais (uma espécie de fuga), sexo, dinheiro, busca de posição social –, mas algumas – poucas –, o fazem para construir um projeto de vida a dois. E esse projeto, para ter sucesso, requer determinação do casal e motivação, sem as quais o casal acabará por desanimar no meio da caminhada.

> Pequenas dificuldades têm levado casais a desistirem de seus relacionamentos, resultando em brigas, desentendimentos e enfraquecimento das famílias, o que acaba prejudicando os filhos.

O casal deve ter uma perfeita adaptação psicológica, o que exige sacrifício, concessões mútuas, compreensão, franqueza, respeito e, principalmente, amor. Os conflitos de temperamentos e as diferenças não precisam resultar na separação do casal, podendo ser contornados com atitudes de compreensão, pois das atitudes do homem e da mulher diante das divergências depende o sucesso ou a ruína do casamento.

O ponto de equilíbrio do casal só será encontrado se houver a opção de ser conduzido por Deus.

É sabido que pequenos desentendimentos podem levar à separação do casal. Aqueles que não se fortalecerem com a castidade desde o namoro tenderão a sucumbir diante os primeiros problemas que aparecerem no casamento. A mentira, por menor que seja, leva à falta de confiança, que, por sua vez, gera outros sentimentos negativos, como ciúme, e a consequente briga entre os cônjuges.

A comparação é um péssimo hábito, principalmente entre casais. Muitas mulheres comparam seu marido com o de suas amigas e ainda tentam modificá-lo para que fique "a seu gosto". Ora, cada cônjuge tem de aceitar o outro como ele é, reconhecendo e aceitando suas qualidades e defeitos. É por meio da aceitação, respeitando a individualidade e o processo de evolutivo do outro, que marido e mulher se ajudam a crescer; afinal, não adianta sonhar com alguém perfeito, pois isso não existe.

O ressentimento é um grave problema, pois, no momento de desentendimento, lembranças e ofensas antigas são trazidas à tona, reavivando mágoas e sofrimentos adormecidos. Isso só alimenta o ódio e a vingança, de modo que a prática do perdão deve ser uma constante no casamento.

O desrespeito, as brigas, a falta de diálogo e a incompatibilidade de gênios também levam à dissolução do casamento e da família. Por isso, alguns ajustes devem ser feitos para não haver o enfraquecimento, mas sim o fortalecimento e a união da família.

Prefira o casamento

Você já deve ter ouvido dizer que casamento é apenas uma entre outras opção; e que quem "mora junto" deveria ter os mesmos direitos. Mas, a realidade social prova que o casamento ainda faz a diferença, trazendo muitos benefícios aos casais e à sociedade, motivo pelo qual deve ser tratado como uma opção social preferível.

Nos Estados Unidos, o índice de fracassos matrimoniais é muito alto, e, ainda assim, quase 90% dos que se divorciam ou se separam continuam pensando que a boda abre um caminho para a vida toda.

E você deve estar pensando: "Mas, se pensam assim, por que se separam tanto?". Bem, talvez porque achem que o casamento é como um seguro de vida de longo prazo...

Em geral, as pessoas casadas gozam de melhor saúde, têm um estado emocional e psíquico mais satisfatório e buscam progredir mais do que as que vivem sós ou apenas "moram juntas". Mas tais efeitos positivos só se fazem notar quando o compromisso matrimonial é reconhecido pela sociedade.

Curiosamente, a mesma sociedade que valoriza o casamento nega-lhe apoio, faz crescer a facilidade para se divorciar e fortalece outras fórmulas de convivência, como o "morar juntos" ou a "maternidade solitária", também conhecida como "produção independente". Poucas pessoas se dedicam a fortalecer um casamento em crise, e quem deveria fazê-lo – psicólogos, educadores e religiosos – parece focar-se muito fortemente no benefício emocional, como se fosse a única vantagem, não encontrando argumentos para impedir o fracasso quando a "aparente felicidade" diminui.

É chegado o momento de analisar detalhadamente os benefícios do casamento, percebendo que o contrato matrimonial deixou de ser "mera preocupação moral" para se converter em "questão de saúde pública" – nesse ponto, lembro você de que a fidelidade conjugal traz muitos benefícios a longo prazo.

A segurança de um matrimônio para toda a vida anima os esposos a tomarem decisões conjuntas e a se especializarem nas tarefas que facilitam a vida em comum.

Financeiramente, por dividirem as despesas domésticas, a renda do casal pode aumentar em até um terço.

Outra vantagem do matrimônio duradouro é a de atuar como autêntico seguro de vida. Uma apólice de seguro que garante atenção global quando o marido ou a mulher adoecem: o que estiver bem de saúde trabalhará mais para compensar as perdas, facilitando cuidados personalizados ao incapacitado ou se encarregando do trabalho na casa que o outro não puder realizar.

Mas as melhores vantagens do casamento vêm da exclusividade. A relação afetiva garantida pelo matrimônio supera qualquer outra, não só na intimidade e na promessa de estabilidade que reduz a incerteza, mas também no apoio constante nos momentos de dificuldade ou tensão.

O casamento e a família proporcionam um sentido de dependência, de amar e ser amado, de ser absolutamente essencial para a vida e a felicidade dos demais. Proporciona uma perspectiva diferente para enfrentar os problemas que a pessoa encontra, porque existem outras que dependem dela, que contam com seu apoio ou se preocupam com seu bem-estar.

ALGUNS DANOS DO DIVÓRCIO

Na maioria dos casos, podemos dizer que tanto um casamento frustrado como um divórcio reduzem o bem-estar dos filhos. E o divórcio ainda gera problemas nas relações entre pais e filhos, aumenta a probabilidade de os filhos, quando casados, virem a se divorciar também, e reduz as possibilidades de êxito na educação e na carreira profissional deles.

Um estudo mais profundo dos danos causados pelo divórcio revela dois tipos de situação:

- as separações marcadas por muitas brigas e violência,
- e aquelas em que quase não há desentendimento.

No primeiro caso, os filhos acham que o divórcio, ao menos psicologicamente, é um alívio; no segundo, a experiência da ruptura familiar representa para eles um desastre absoluto e inexplicável.

O pior disso tudo, acredite: das pessoas divorciadas, poucas afirmam ter passado por mais de duas discussões sérias no mês anterior ao divórcio. E a maioria dos filhos de casais que se divorciaram por terem um casamento desastroso achavam que a vida em família, ainda assim, era suficientemente boa.

Portanto, é preciso valorizar e preservar a família, como o grande bem que é, respeitando-a e buscando mantê-la indissolúvel e, desse modo, eterna.

Bebida: a grande destruidora de lares

"Eu sempre peco, preciso sempre do remédio (Eucaristia) a meu alcance." (Santo Ambrósio)

É importante falarmos sobre o álcool, pois, infelizmente, é um grande destruidor de casamentos.

Tudo começa com os aperitivos; portanto, cuidado!

Muitos casamentos são destruídos pelo vício da bebida, quando homens, preferindo ter um comportamento diferente, acabam se apoiando nela.

A sobriedade é fundamental para a condução da família.

Muitos homens têm o hábito de "tomar umas cervejinhas" com os amigos; afinal, trabalharam a semana inteira e merecem esse momento. Até aí, nenhum problema, desde que conseguissem se controlar. (Aliás, para criar ilusão e ser mais atrativa, toda propaganda de cerveja vem acompanhada de mulheres lindas.) Mas é exatamente isso o que a cerveja faz com as pessoas após alguns goles: tira-lhes completamente o controle, fazendo com que percam a noção do tempo e do espaço, e se esqueçam até que têm família.

Quando o ser humano perde a sobriedade, fica a mercê do mal, que pinta e borda na intenção de destruir sua família.

Em geral, o hábito de beber começa na cerveja. Depois, o homem se esquece da hora de voltar para casa, e acaba perdendo todo seu dinheiro em jogos, pornografia e até mesmo em prostíbulos. Chega em casa com o dia amanhecendo e começa a briga, pois a mulher quer saber onde esteve até aquela hora, porque chegou cheirando bebida e com marcas de batom na camisa.

O desastre está formado, e daí para a agressão, o desrespeito e a pancadaria é um instante. Muitos lares, simplesmente desmoronam por causa de uma única cerveja.

Não dá para usar a desculpa de que "só bebo socialmente", "tenho o controle da situação" e "paro na hora que quiser", pois essa é mesma conversa de drogados e dependentes químicos, quando flagrados.

Quem não consegue ficar sem beber ao menos um copo de cerveja por dia é viciado e dependente da bebida, e deve procurar ajuda para não estragar o bem maior de sua vida: a família.

Bebida e acidentes de trânsito

O consumo excessivo de bebidas alcoólicas está relacionado a 43% dos acidentes de trânsito com mortes na cidade de São Paulo, segundo pesquisa da Secretaria de Estado da Saúde (SES/SP).

Foram analisados laudos de 454 pessoas que morreram em acidentes de trânsito e tiveram exames de dosagem alcoólica realizados. Do total, 194 apresentaram concentração alcoólica no sangue acima de seis miligramas por litro, o máximo permitido pela legislação brasileira.

A quantidade de álcool necessária para atingir essa concentração no sangue varia de acordo com a bebida. Em geral é equivalente a: duas latas de cerveja ou três copos de chope, ou duas taças de vinho, ou duas doses de destilados.

"É um número alto, mas é a realidade. Um dos objetivos [da pesquisa] é demonstrar esse impacto e não apenas dizer que álcool faz mal", disse Vilma Gawryszewski, coordenadora do Grupo Técnico de Prevenção de Acidentes da Secretaria.

Bebida e gestação

Problemas emocionais em gestantes, como ansiedade e estresse, podem colaborar para o uso de substâncias psicoativas que trazem danos ao bebê. O consumo de álcool durante a gestação, por exemplo, associa-se ao aumento de risco de más-formações fetais, sendo a mais grave a Síndrome Alcoólica Fetal (SAF). Em mulheres alcoolistas, o risco de ter uma criança portadora dessa doença é de aproximadamente 6%.

Um estudo publicado na Revista de Saúde Pública investigou a relação entre consumo de álcool e problemas emocionais em gestantes, com os seguintes resultados:

Frequentes dores de cabeça, crises de irritação, intranquilidade e nervosismo constantes foram relatados por aproximadamente 33% das mulheres. Cerca de 9% das gestantes confirmaram o consumo de álcool, das quais 6% com diagnóstico de uso nocivo e 3,1% com dependência de álcool. A presença de diagnóstico de uso nocivo ou síndrome de dependência de álcool relacionou-se a maior intensidade de sofrimento emocional das gestantes.

O cigarro também colabora para tirar a saúde da família, pois inibe o desenvolvimento natural dos esposos, provocando inúmeras doenças e fragilidades, além do próprio vício, que interromperão prematuramente a sequência da família, pelo simples motivo de que quem fuma morre mais cedo. Não dê brecha a essa interrupção prematura. Pare de fumar! Sua família precisa muito de você gozando de plena saúde.

Saiba que muitas crianças começam a beber e a fumar por imitarem os pais. Pais que têm bar em casa, cuidado! Seu filho percebe que você está sempre naquele lugar bebendo e conversando com amigos, e quando estiver sozinho poderá querer fazer a mesma coisa. Da brincadeira ao alcoolismo é um pulo, e daí para as drogas, um passo.

É totalmente criminosa a atitude de pais que molham a chupeta da criança em cerveja ou em qualquer outra bebida alcoólica. Quem faz isso pode estar viciando a criança, se ela já não estiver viciada. Esse é um problema sério e deve ser combatido radicalmente.

Se você tem um barzinho ou costuma estocar bebidas em sua casa, desfaça-se de tudo agora mesmo, ou você estará assumindo a responsabilidade por seu filho vir a ser alcoólatra.

Isso, jogue fora a bebida, e não a sua vida nem a da sua família. Acorde enquanto é tempo. A conscientização é muito importante para todos, é a única maneira de aumentarmos nossa expectativa de vida e estarmos preparados para acompanhar de perto nossa família.

A SAÚDE DA FAMÍLIA

Muitas pessoas agem de maneira egoísta e não se cuidam como deveriam. Com isso, diminuem sua expectativa de vida e aumentam a possibilidade de terem problemas graves de saúde. Portanto, o cuidado com a saúde é fundamental.

Um dos cuidados importantes com a saúde é o exercício físico monitorado por profissionais, principalmente por médicos. Exercitar-se é uma das maneiras de aumentar a expectativa de vida e passar a viver com muito mais qualidade.

Procurar um médico apenas quando se tem a suspeita de algum problema de saúde é um tabu a ser eliminado, pois a prevenção é fundamental! Conhecer nosso corpo por dentro é uma necessidade essencial para cada pessoa, pois, assim, monitoramos nossa saúde e solucionamos eventuais problemas que poderiam, no futuro, causar-nos um malefício maior.

Alimentação: uma fonte de saúde

Devemos cuidar muito bem da nossa alimentação, pois somos aquilo que comemos. Assim como a bebida e o cigarro, a alimentação inadequada é uma das maiores causadoras de doenças cardíacas. A má alimentação causa a obesidade, que afeta nossa saúde, podendo levar à morte.

Infelizmente, muitas pessoas são escravas de certos tipos de comida, que as faz fraquejar e cair em tentação. Saiba: nada desse mundo pode escravizar você.

Todos os nossos esforços devem ser direcionados para vivermos bem, e a resposta sempre é positiva. Uma dieta bem balanceada faz com que nossa expectativa de vida aumente, com isso viveremos mais e melhor para desempenharmos nosso papel a serviço de Deus.

Então, aqui vão duas dicas: faça exercícios físicos com acompanhamento médico ou de um profissional de educação física, e equilibre tudo com uma boa alimentação, indicada por um profissional especializado em nutrição.

Quer outra dica?

Ok! Segue um roteiro de alimentação saudável, que inclui todos os alimentos que você poderá consumir para viver com mais saúde e mais feliz.

EVITE	PREFIRA
Leite integral (tipos A e B)	Leite semidesnatado ou desnatado
Iogurtes	Iogurte desnatado e *light*
Manteiga	Margarinas cremosas ou *light*
Creme de leite	Creme de leite *light*
Chantilly	Iogurte desnatado batido
Queijos amarelos (prato, mussarela e parmesão)	Queijo branco magro ou frescal ricota e *cottage*

Requeijão, *cream cheese*	Requeijão e *cream cheese light*
Maionese	Maionese *light*
Gema de ovo, ovo de codorna	Clara de ovo
Carnes gordas (cupim, costela, lagarto, músculo, etc.)	Carnes magras (coxão mole, duro, patinho, etc.)
Embutidos (salsicha, linguiça, mortadela, salame, etc.)	Peito de peru e *chester*
Aves com pele	Frango, peru e *chester* sem pele
Miúdos (fígado, rim, coração, miolo, pé e moela)	Carnes magras, aves e peixes
Frutos do mar (camarão, lula, marisco, lagosta)	Peixes (sardinha fresca, pescada, merluza, salmão, atum, linguado, etc.)
Bacon e torresmo	Carnes magras, aves e peixes
Frituras e preparações à milanesa	Cozidos, ensopados e grelhados
Pão doce, pães recheados	Pão integral, pão de aveia, pão francês
Folhados, *croissant*	pão *light*, pão sírio
Biscoitos recheados, amanteigados e *waffle*	Biscoitos integrais, de água e sal e *cream cracker*
Legumes com cremes, gratinados e *à dorê*	Verduras cruas e frescas, legumes cozidos no vapor ou preparados na margarina (*sauté*)
Frutas caramelizadas, com leite condensado e em calda e doces de frutas	Frutas frescas com iogurte desnatado batido, salada de frutas e doces dietéticos
Refrigerantes	Refrigerantes *diet* e/ou *light*

Sucos artificiais	Sucos naturais com adoçantes e sucos *diet*
Chocolates, doces caseiros, bolos recheados, pudim, quindim, doces com coco, etc.	Barras de cereais *diet*, gelatina *diet*, pudim *diet* e goiabada *diet*.
Balas	Balas *diet*
Açúcar, mel, açúcar mascavo	Adoçantes (ciclamato, sacarina, aspartame, Stévia)

FONTE: Rosana Perim Costa e Liliana Paula Bricarello, nutricionistas do setor de lípedes, arterosclerose e biologia vascular, de cardiologia, da Universidade Federal de São Paulo/Escola Paulista de Medicina (Unifesp/EPM).

Lembre-se de que Deus nos dá saúde, porém a perdemos. Mas é possível resgatá-la, e a hora é agora!

Cuide-se! Para cuidar de sua família.

Capítulo 9

O CASAMENTO E O PERDÃO

Em seu livro *Direito de família*,[5] o jurista Caetano Lagrasta Neto diz que a família deve buscar o instituto do perdão, e, em janeiro de 2002, o Papa João Paulo II disse que "*somente o perdão pode sanar as feridas do coração*".

"Cada hóstia consagrada é feita para se consumir de amor em um coração humano." (SÃO JOÃO MARIA VIANNEY)

São inúmeras as situações de desajuste familiar, tais como agressões sofridas pelos cônjuges ou seus filhos, decepções, traições, entre outros casos, mas essas situações devem ser superadas pela concessão e aceitação do perdão. Aliás, o perdão é

---

5 NETO, Caetano Lagrasta. *Direito de Família* – A família brasileira no final do século XX. São Paulo: Malheiros, 2000.

necessário não só no casamento, mas na vida em geral, pois, desde pequenos, algumas ocorrências do cotidiano vão nos marcando, e devemos perdoar aos que as provocam.

> No casamento, cada cônjuge tem o compromisso de levar o outro, bem como seus filhos, para o Céu!

A motivação psicológica para o perdão pode ser encontrada na formação religiosa ou moral, ou numa conduta ética, que leva a pessoa a admitir que foi vítima de um erro, a compreender a situação e a perdoar quem a provocou. Uma vez concedido o perdão, desaparecem os resquícios da ofensa, não fica o ressentimento e se estabelece a convivência pacífica entre as partes envolvidas.

EVITAR O DIVÓRCIO

O divórcio é uma solução fácil para um problema difícil, pois não promove a cura, mas apenas antecipa a morte – no caso, a morte do casamento. O Papa João Paulo II, no início de 2002, pediu a advogados e juízes que evitassem os divórcios e levassem os casais em processo de separação a esgotar todas as formas possíveis de diálogo, em busca de uma solução benéfica para toda a família (eu assumi esse compromisso com Deus: como advogado, optei por não realizar separações e divórcios.)

Todos sabem que, numa separação, as piores feridas são, principalmente, aquelas deixadas nos filhos. E sabem também que uma estrutura família saudável e os cuidados dispensados à educação dos filhos são a melhor maneira de prevenir problemas sociais. Mas, embora possamos imaginar quão difícil deve ser a situação de pais que vivem numa mesma casa, sem se comunicarem e brigando na frente dos filhos, ainda assim vale a pena insistir em que a presença deles é essencial ao desenvolvimento físico, psicológico, intelectual e espiritual dos filhos.

"Há toneladas de estudos que mostram que o inferno familiar ajuda a jogar os jovens em comportamentos autodestrutivos, o que significa drogas, tentativa de suicídio, violência."[6]

PELO BEM DOS FILHOS

Educar significa promover o crescimento e o amadurecimento intelectual, moral e religioso de uma pessoa, e é por isso que não se educa apenas na escola, mas principalmente em casa. A educação é a melhor herança que os pais devem deixar aos filhos, pois ninguém pode roubá-la nem destruí-la – a pessoa educada aprende a usar a mente e a conseguir o que deseja, sem violar os direitos dos outros. A propósito, João Paulo II disse que educar é um prolongamento do ato de gerar, que deve ser feito com paciência e zelo, para tirar maus hábitos e descobrir virtudes.

É fundamental que saibamos assumir, verdadeiramente, nosso lugar. Em *Nossos mestres, as crianças,*[7] de Piero Ferrucci, li o seguinte: "Se você quer ser um bom pai, seja um bom esposo". E o autor afirma que "foi preciso tempo, mas ao final

---

6 Folha de São paulo, Cotidiano, 21 jun. 1998.
7 FERRUCCI, Piero. *Nossos mestres, as crianças.*

percebi: a relação com meus filhos passa através da relação com minha mulher. Não posso ter com eles uma boa relação se minha relação com ela não for boa".

A experiência clínica de Ferruci demonstrou que uma criança sente o que está acontecendo no relacionamento de seus pais: se a relação estiver contaminada, a substância tóxica circulará pelo organismo dela; se a atmosfera não for harmoniosa, ela crescerá em dissonância; se estiver repleta de ansiedade e insegurança, também o futuro da criança será incerto.[8]

Em outras palavras, se você quer ser um bom pai, seja um grande esposo, e se pretende ser uma boa mãe, seja uma grande companheira para seu marido. É claro que a teoria é muito simples, e a prática, um pouco mais complicada. Mas não desista, porque complicado não é sinônimo de impossível.

> "Às vezes esqueci a realidade, tive demasiada confiança. E, sabendo que nossa relação ia bem, deixei-a aí...".
> Abandonada a relação à sua própria sorte, prontamente aparecem os desgostos, as recriminações.

Quando um casamento reage a tempo e recupera a beleza de seu amor, os primeiros a perceber são os filhos.

Veja o que Ferruci conta,[9] depois de uma temporada em que, obcecado por escrever seus livros, começou a levantar-se às cinco horas da manhã e a passar o dia reclamando de barulho e de interrupções:

---

8 Idem.
9 Por Maria Esther Roblero, diretora da revista chilena *Hacer Familia* (Fazer Família).

Comecei a sentir-me deprimido, algo não andava bem. Finalmente, compreendi o que sabia mais não queria admitir: a ordem das minhas prioridades estava equivocada.

Decidi devolver à Vivien, minha mulher, um marido que não caísse de sono. Depois, ocorreu algo sutil e surpreendente: a relação entre Emilio e Vivien melhorou. Não é que fosse uma relação ruim, mas havia algo nela de que eu não gostava. Com frequência, Emilio era descortês com a mãe e falava comigo como se ela não existisse, ignorando-a, como um machista mais endurecido. Depois, entendi: Emilio espelhava minha atitude para com Vivien... Eu é que a transformava em uma sombra. Afortunadamente, percebi a tempo.

Como manter e melhorar, constantemente a relação conjugal? Este autor italiano é um grande romântico e acredita que a fonte do amor para os esposos está nas recordações dos melhores momentos.

Ao contrário do que muitos pensam, creio que o fato de apaixonar-se é o instante mais autêntico da relação entre duas pessoas; é quando elas veem que todas as possibilidades se abrem diante de si, quando tocam a essência e a beleza do amor... Ante os olhos da minha mente desfilam nossos momentos mais luminosos: o primeiro passeio juntos, a decisão de nos casarmos numa tarde de setembro, Vivien vindo me receber no aeroporto num dia de chuva, o concerto durante a gravidez de Emilio...

Tudo isso é a origem, a fonte: o lugar no qual tudo vai bem e é perfeito. Resulta positivo regressar de vez em quando às origens e beber daquela fonte de água pura.

A vida nos prega várias peças, e temos de estar sempre dispostos a aprender e a crescer.

O contato com pessoas mais experientes que nós nos proporciona agradáveis surpresas. Um dia, perguntei a um grande amigo qual era o segredo da educação dos filhos e, como de costume, ele me entregou um papel para ler, pois faz isso toda vez que nos vemos...

Mães más

Um dia, quando meus filhos forem crescidos o suficiente para entender a lógica que motiva pais e mães, hei de dizer-lhes: Eu os amei o suficiente para ter perguntado aonde vão, com quem vão e a que horas regressarão. Eu os amei o suficiente para não ter ficado em silêncio e fazer com que vocês soubessem que aquele novo amigo não era boa companhia. Eu os amei o suficiente para fazer pagar as balas que tiraram do supermercado ou as revistas do jornaleiro, e fazê-los dizer ao dono: "Nós pegamos isto ontem e queremos pagar!". Eu os amei o suficiente para ter ficado em pé junto de vocês por duas horas, enquanto limpavam seu quarto, tarefa que eu teria feito em quinze minutos. Eu os amei o suficiente para deixá-los ver, além do amor que sentia por vocês, também o desapontamento e as lágrimas em meus olhos. Eu os amei o suficiente para deixá-los assumir a responsabilidade das suas ações, mesmo quando as penalidades fossem tão duras que me partissem o coração.

Mais do que tudo, eu os amei o suficiente para dizer-lhes não, quando sabia que vocês poderiam me odiar por isso. Essas eram as mais difíceis batalhas de todas.

Estou contente! Venci, porque, no final, vocês venceram também! E, qualquer dia, quando meus netos forem crescidos o suficiente para entenderem a lógica que motiva pais e mães, quando eles lhes perguntarem se sua mãe era má, meus filhos vão dizer:

"Sim, nossa mãe era má, era a mãe mais má do mundo. As outras crianças comiam doce no café, e nós tínhamos de comer cereais, ovos e torradas. As outras crianças bebiam refrigerante, comiam batata frita e sorvete no almoço, e nós tínhamos que comer arroz, feijão, carne, legumes e frutas. E ela ainda nos obrigava a jantar à mesa, bem diferente das outras mães que deixavam seus filhos comerem vendo televisão.

"Ela insistia em saber onde estávamos a toda hora, ligava para nosso celular de madrugada e fuçava nos nossos e-mails. Era quase uma prisão.

"Mamãe tinha de saber quem eram nossos amigos e o que fazíamos quando estávamos juntos. Insistia que disséssemos com quem íamos sair, mesmo que demorássemos apenas uma hora ou menos.

"Tínhamos vergonha de admitir, mas ela violava as leis do trabalho infantil, pois tínhamos que tirar a louça da mesa, arrumar nossa bagunça, esvaziar o lixo e fazer todo esse tipo de trabalho que achávamos cruéis. Acho que nem dormia à noite, pensando em coisas para nos mandar fazer..."

"Ela insistia conosco para que lhe disséssemos sempre a verdade e apenas a verdade. E, quando éramos adolescentes, conseguia até ler nossos pensamentos.

"Nossa vida era mesmo chata! Ela não aceitava que nossos amigos tocassem a buzina para que saíssemos: eles tinham de subir e bater à porta para que os conhecesse. Enquanto todos nossos amigos podiam voltar tarde, com 12 anos, tivemos de esperar os 16 para chegar um pouco mais tarde, e aquela chata ainda levantava para saber se a festa tinha sido boa, só para ver como estávamos ao voltar."

"Por causa de nossa mãe, perdemos imensas experiências na adolescência: nunca nos envolvemos com drogas, roubo, atos de vandalismo e violação de propriedade, nem fomos presos por nenhum crime – tudo por causa dela!"

"Agora que já somos adultos, honestos e educados, estamos fazendo nosso melhor para sermos pais maus, como minha mãe foi."

Cristobal Rossi

Cuidado com a educação que você dá ou dará a seus filhos, pois um dos grandes males do mundo de hoje é que não há mães suficientemente más.

Capítulo 10

Seu dever é levar sua família para Deus

"Ficai certos de que todos os instantes da vossa vida, o tempo que passardes diante do Divino Sacramento será o que vos dará mais força durante a vida, mais consolação na hora da morte e durante a eternidade."
(Santo Afonso de Ligório)

Antes de me aprofundar nesse tema é necessário enfatizar que, no casamento, existem três regras fundamentais:

1ª. Entre o(a) esposo(a) e Deus: DEUS.
2ª. Entre o(a) esposo(a) e sua mãe: o(a) esposo(a).
3ª. Entre o(a) esposo(a) e seus filhos: o(a) esposo(a).

Tais regras são duras e difíceis, mas são fundamentais, pois permitem que haja um equilíbrio entre as decisões que serão tomadas durante toda a vida de casado. Então, vejamos com mais atenção cada uma delas.

1ª. Deus tem de estar sempre em primeiro lugar, pois é nosso alicerce em todas as adversidades que a vida nos submete. Além disso, é por Deus que conseguimos aceitar as falhas um do outro e acabamos perdoando. Deus nos diz: *Permiti que carregue a cruz no caminho do calvário, mas quando lá chegar, a cruz é meu lugar. Coragem!*

2ª. Sem faltar com o respeito devido às respectivas mães, os cônjuges devem se apoiar um ao outro, uma vez que, ao se casarem, passaram a formar uma só carne e a constituir uma nova família, ainda que a mãe de um ou do outro possa residir com eles. Dentro dessa família, o casal deve alicerçar suas dificuldades.

3ª. E sem faltar com o respeito aos filhos, também nessa escolha difícil os cônjuges devem se apoiar um ao outro. Não que não devamos amar nossos filhos, mas são os cônjuges que viverão juntos até o fim da vida. Os filhos deixarão pai e mãe para formar outra família, e se optarmos por eles, restará a solidão. Contudo, os filhos devem ser educados conforme as Leis de Deus e não conforme as leis comuns. Lembre-se de que os filhos são de Deus e Ele nos confia sua educação.

Assim, o matrimônio fica equilibrado e os cônjuges podem se ocupar de cumprir os juramentos feitos no altar, com o propósito de santificarem um ao outro, ou seja, levarem-nos para Deus.

E como é sabido que a palavra convence, mas o exemplo arrasta, contarei mais uma história da minha vida; uma experiência que, acredito, será capaz de salvar muitas famílias, direcionando-as para o Céu no momento em que, talvez, estejam apontando para o inferno.

> A Glória de Deus e Sua misericórdia são infinitas, de modo que todas as famílias devem ser eternas.

"Tenho uma linda família; posso dizer que somos um exemplo para muitas outras que convivem em nosso meio. Meu pai é dedicado, prudente, batalhador e honesto, e minha mãe é o mais puro exemplo de Maria, serva fiel do Senhor e atenta aos desígnios do Pai, capaz de transformar dificuldades em alegrias. Isso tudo é lindo aos olhos de Deus.

Da união deles pelo Sacramento do Matrimônio nasceram três filhos vivos: Carla, Luciana e eu. E nossa felicidade se completa com outra irmã, que morreu antes de nascer (digo "se completa", pois quem tem um filho no céu tem um intercessor direto junto ao Pai, e nós temos essa graça!).

Por serem inexperientes no trato com dinheiro e com as atribuições normais da nova vida a dois, pois se casaram muito jovens, meus pais passaram por muitas dificuldades financeiras no início do casamento. Mas, graças a Deus, tudo correu bem: minha família se mantém unida e o casamento de meus pais caminha maravilhosamente bem.

Certo dia, minha mãe ligou-me e, apreensiva, disse: "Filho, preciso muito conversar com você".

Disse-lhe que passaria em sua casa naquela noite, após o trabalho, e ela respondeu que isso não seria possível, pois o assunto era sério e não gostaria de ser interrompida nem que os outros da casa soubessem dele. Então, combinamos que na manhã seguinte nos encontraríamos na padaria; aí, conversaríamos e tomaríamos café da manhã juntos.

Fiquei bastante apreensivo com aquele telefonema. Comecei a pensar no que estaria acontecendo, e, confesso, imaginei de tudo. Em minhas orações, pedi a Deus que me preparasse para a conversa com minha mãe.

No dia seguinte, cheguei no local combinado e lá estava ela, linda, calma e serena, a me esperar. Deu-me um abraço aconchegante e nos sentamos. Então, falou: "Filho, chamei você aqui porque preciso lhe contar uma coisa, mas acho até que você já sabe...".

Como de fato não sabia, perguntei-lhe de que se tratava, e quando ela disse que eu tinha um irmão, confesso que não entrei em choque, pois, em minhas orações, tinha pensado em tudo, até nessa possibilidade.

Então, minha mãe começou a me explicar, que, tempos atrás – há vinte e três anos –, seu relacionamento com meu pai estava desgastado e pensaram até em se separar, mas como minha irmã mais nova acabara de nascer, resolveram continuar apenas morando juntos, pois acreditavam que essa fase ruim pudesse passar. Contou-me que, nesse período, meu pai começou a se relacionar com outra mulher, que engravidou dele e deu à luz um menino. Disse-me, ainda, que ele manteve esse fato em sigilo durante dezoito anos, apesar de sempre ter prestado assistência material ao filho, mas que, na véspera do meu casamento – maio de 2001 –, a mulher ligou e pediu que ele fosse à sua casa com urgência, e meu pai foi, sem lhe dizer nada.

Minha mãe disse que estranhou a ausência de meu pai no churrasco que fiz em minha casa nova, na véspera do meu casamento, e questionou-o sobre isso, quando ele chegou em casa.

Então, meu pai confessou. Explicou a história toda a minha mãe. Disse que sempre tinha prestado auxílio ao menino, e que fora à casa da mãe dele porque ela estava morrendo de câncer e pediu-lhe que cuidasse do filho e continuasse sua criação, pois tinha poucos dias de vida.

Mesmo com a agitação do meu casamento, que seria no dia seguinte, minha mãe, forte, linda e digna, suportou tudo com muita sobriedade.

No domingo à noite fui viajar em lua de mel. Na segunda-feira, minha mãe iria a Lavrinhas, no interior de São Paulo com uma amiga – a linda e amada Maria Gabriela iria ministrar um retiro de perdão, e convidara minha mãe. Veja como Deus é maravilhoso!

Na segunda-feira à noite, após o primeiro dia do retiro, minha mãe contou à Gabriela tudo o que estava acontecendo em sua vida, e disse-lhe que estava precisando de perdão. Imediatamente, Gabriela e monsenhor Jonas Abib aconselharam-na a ligar para meu pai e perdoá-lo por tudo. Ela o fez e, assim que ele atendeu, ela disse: "Eu te perdôo, em nome de Jesus!"

Na ocasião, foi dito à minha mãe que era seu dever levar meu pai para o Céu, e que se o abandonasse naquele momento ele se perderia e não teria mais volta.

Como minha mãe ama a Deus acima de tudo e é fiel ao compromisso que firmou quando se casou, tendo dado sua palavra a Jesus que cuidaria de seu esposo, mesmo diante de todos os problemas e percalços que a vida pudesse lhes trazer, assumiu sua cruz e começou a ajudar meu pai superar os traumas oriundos daquele deslize.

Pois é, minha mãe perdoou meu pai e começou uma dura caminhada, pois ele não se perdoava por tê-la feito passar tudo aquilo. E o que mais o machucava era ter de contar aos filhos sua aventura, pois sempre nos dera uma educação muito rígida e correta, de modo que lhe era difícil conviver com tal situação.

Quatro anos se passaram desde que minha mãe perdoou meu pai até o momento em que tomou a iniciativa de falar comigo e me contar tudo. No fundo, tanto ela quanto meu pai pensavam que eu soubesse, dadas as coincidências que aconteceram nesse período.

Quando me casei, fui morar em um bairro próximo ao que morava esse meu irmão... Quando fiquei sabendo o sexo do meu segundo filho, disse que se chamaria Ricardo, como esse meu irmão... E quando escrevia meu primeiro livro – *Tudo posso, mas nem tudo me convém* –, pedi a meu pai que relatasse sua história de vida, como exemplo de retidão e honestidade, mas ele disse que ainda não estava preparado para isso.

Depois de ouvir tudo o que minha mãe tinha a me contar, eu disse a ela que queria conhecer o Ricardo, e que deveríamos festejar sua existência, pois, enquanto muita gente perde, nós ganhamos um filho e que devíamos nos alegrar; afinal, ele não tinha culpa de nada e não podia ficar sozinho, sem assistência.

Dois dias após, marquei um encontro com meus pais em uma pizzaria e, antes de voltarmos para casa, eu disse a ele: "Pai todo mundo erra, mas a misericórdia infinita de Deus está presente em nossa casa; eu, a Mônica, o Rafael e o Ricardo o perdoamos!".

Havia ainda uma última batalha: meu pai me confessou que estava ficando doente e que precisava desse perdão para não agravar mais sua situação. Ele e minha mãe me pediram que os ajudasse a contar o caso às minhas irmãs. Então, marcamos um jantar e expusemos toda situação a elas, que também o perdoaram.

Agora, só faltava a festa. Primeiro, convidamos Ricardo para jantar conosco, para nos conhecer; depois, no dia seguinte, chamamos a família toda e fizemos as apresentações.

Naquele instante, pedi à minha mãe para cuidar dele como se fosse seu filho, e para um coração como o dela, do qual jorra a água viva do Espírito Santo de Deus, não foi difícil.

Hoje, vivemos juntos, graças a Deus!

A misericórdia infinita e o amor selado pelo Sacramento do Matrimônio segurou e sustentou até hoje a nossa família. E eu agradeço a Deus, à minha mãe, ao meu pai, às minhas irmãs, Carla e Luciana, e ao meu irmão, Ricardo."

Alexandre Silveira

Capítulo 11

Vivendo a religiosidade no casamento

Devemos nos blindar cada vez mais das armadilhas do mundo. Toda a recompensa vem de Deus, de modo que devemos nos entregar totalmente ao amor d'Ele.

Viver a religiosidade é fundamental no casamento; isso deve ser levado a sério, como prioridade em nossa vida. Não pode haver comodismo nem negligência em relação ao compromisso que assumimos com Deus quando nos casamos, pois é fundamental para o sucesso do casamento.

> "Nosso Senhor nos concede tudo o que pedimos na Santa Missa! O que mais vale é o que nos dá, ainda que nem sequer tenhamos cogitado pedir-lhe e que, entretanto, nos é necessário!" (São Jerônimo)

Aliás, não há outra alternativa para se conquistar a felicidade plena na vida em comum se não pelo casamento, e é para esse fim que fomos chamados à bênção de Deus em nossa vida.

A principal finalidade do casamento é a procriação. O amor mútuo também é um fim, mas depende do objetivo principal. Agora, se houver uma inversão dos fins, corre-se o sério risco de abrir as portas para a destruição da família. Entenda o que eu quero dizer avaliando o comparativo a seguir:

DIFERENÇAS ENTRE O CASAMENTO CATÓLICO E UNIÃO LIVRE ATUAL

Casamento Católico	União livre
O casal se une para formar uma sociedade, a família – não se trata de uma soma, mas algo de novo, com características próprias.	O casal se une para ter uma experiência em comum – o foco é a soma de interesses particulares.
Os membros dessa sociedade unem seus esforços e interesses pelos objetivos e frutos da sociedade – esse é o fundamento do verdadeiro amor.	Os pares que se unem experimentalmente se amam por paixão sentimental, que é passageira e sujeita a variações – esse amor não é verdadeiro por falta de fundamento sólido.
Se o casamento é uma sociedade, então a família tem objetivo próprio e meios para alcançá-los.	Não sendo uma sociedade, cada um tem seu próprio objetivo, e o meio de alcançá-lo é o outro, disso originando brigas e desavenças.
Toda sociedade é voltada para seu próprio crescimento e busca necessariamente pelos frutos.	Os interesses particulares de cada um não necessariamente exigem frutos, e os filhos são "programados" quando há interesse dos dois em tê-los.
A família é um todo; o casal e os filhos são suas partes. O bem do todo é mais importante que o das partes, e cada um deve renunciar ao seu próprio interesse quando este for contrário ao interesse do todo.	A união sem vínculo matrimonial é um amontoado de interesses particulares, que se impõem como se fossem supremos – mais cedo ou mais tarde haverá choques de interesses.
Sendo uma sociedade, solenemente constituída diante de Deus e da Igreja, os cônjuges são obrigados a cumprir as regras do contrato, daí o bem da fidelidade.	Não sendo uma sociedade, as regras são meramente pessoais – promessas feitas um ao outro –, laços frágeis que se rompem com facilidade, daí a fidelidade ser fictícia.

| Toda sociedade supõe a intenção de perdurar no tempo, daí a indissolubilidade do casamento decretada por Deus. | Uma experiência é em si uma realidade passageira, temporária, mesmo que dure por muito tempo. |

Se quiser que seja para sempre, não tenha dúvidas e escolha o caminho certo, aquele que o leva para o céu: Jesus!

Capítulo 12

O CASAMENTO É COMO MÚSICA

O diálogo é fundamental entre o casal, e a partilha deve ser regra, tanto em relação a coisas boas quanto a ruins, pois só assim a obra será edificada. Mas de nada adianta o casal conversar, se Deus não for convidado a participar das conversas – Ele tem de estar presente, pois só assim as ideias fluirão de maneira profunda, mansa e agradável. Então, clame pelo Espírito Santo de Deus sempre, para que a partilha seja construtiva e abençoada.

> "Ainda que friamente, aproxime-se para comungar, confiando na misericórdia de Deus." (São Boaventura)

O casamento é como música: tem início, meio e fim. No entanto, não se pode interromper essa música no início, nem no meio, quanto mais no fim! Ela deve ressoar bem todas as vezes que for tocada e precisa chegar calma e serena aos ouvidos de Deus.

O início

Os cônjuges hão de ter perfeita habilidade e discernimento para passar pelas várias fases do casamento, desde o princípio, fase em que o amor inflama e os esposos estão no auge da forma física, com aparência bonita e santa.

O meio

O meio do casamento impõe aos esposos uma nova realidade com a qual terão de conviver, pois, na maioria dos casos, os filhos já estão presentes; tudo o que fizerem deve ser voltado à família e não mais apenas ao casal. Hão de ter muito cuidado e de aceitar o que Deus lhes tiver reservado, pois já não estarão no auge da forma física, e isso começará a ser facilmente notado na aparência, com os primeiros cabelos brancos e a própria fisionomia, que irá adquirindo novos contornos.

O fim

Deus ainda reserva aos cônjuges alguns pontos que vão além da fase do meio do casamento. Assim, chega a época da velhice, que é a melhor de todas, pois é o período fundamental para a santificação dos esposos. É na velhice que Deus põe à prova o juramento que o casal fez diante do altar do Senhor – "na alegria na tristeza, na saúde e na doença, amando-te e respeitando-te em todos os dias de minha vida, até que a morte nos separe".

Conheço uma música – *Sapato velho*, de Mu e Cláudio Nucci – que resume todo o mistério do casamento. A primeira parte dela é muito interessante, pois diz justamente da época em que os esposos se conheceram, com o amor declarado nos olhos de cada um, e o homem era o próprio super-herói: forte, vigoroso e saudável – nessa fase, marido e mulher não medem esforços nem loucuras para agradar um ao outro e demonstrar seu amor.

"Água da fonte, cansei de beber para não envelhecer...".

Então, os dois começam a chegar aos 40 anos; não se sentem mais como antes e procuram rejuvenescer a todo custo, como se quisessem "roubar da manhã um lindo por do sol".

O casal deve compreender suas limitações e aceitá-las; afinal, de que adianta lutar contra a maturidade que chega? Queiramos ou não, aos 40 anos não se tem mais o frescor dos 20, e se aceitarmos isso superaremos um grande problema, pois aceitaremos a nossa mudança e a do outro, podendo participarmos de todas as transformações que ocorrerem nessa fase da vida e do casamento de maneira produtiva.

Infelizmente, muitas pessoas se valem de artifícios para parecer o que não são. Submetem-se a operações plásticas, lipoaspirações e a toda uma gama de tratamentos estéticos, o que faz com que pensem que estão mais jovens, mas é só impressão. Cada um que se coloque em seu devido lugar e entenda de uma vez por todas: o que passou não volta mais! Respeite a idade e o tempo que Deus dá a você. Não sou contrário a cirurgias plásticas, mas aos exageros que se vê por aí.

> Quer a receita da eterna juventude? Então, ame a Deus, perdoe sempre, e viva o amor de Deus – só assim você não envelhecerá nunca!

Ser um sapato velho e aquecer o frio dos pés da pessoa amada – é isso que Deus espera dos casamentos, isto é, que as pessoas verdadeiramente cheguem a essa fase. Uma fase em que o vigor físico já não prevalece, as prioridades mudam, o corpo não obedece como antigamente... mas, no coração, a certeza será maior, pois era exatamente isso que Deus esperava do seu casamento!

E para que em seu casamento tudo corra dentro da normalidade que Deus deseja, siga à risca os Dez Mandamentos do Casal, que relaciono a seguir.

1º. Nunca dramatizem os defeitos, mas saibam elogiar as qualidades.
2º. Nunca gritem um com outro nem se fechem, mas dialoguem sempre.
3º. Saibam ceder, perder e recomeçar, perdoando sempre.
4º. Digam a verdade com amor.
5º. Nunca humilhem um ao outro, principalmente diante de outras pessoas.
6º. Nunca culpem nem ridicularizem o outro recordando erros do passado.
7º. Nunca sejam indiferentes, gelando o outro.
8º. Nunca se deitem para dormir sem se perdoar.
9º. Pratiquem a autocrítica, admitindo as próprias limitações e procurando melhorar.
10º. Rezem juntos, riam juntos, passeiem juntos, e não discutam nunca.

Em geral, a convivência e a constante troca de experiências fazem com que tudo caminhe em perfeita harmonia na vida em família, e quando um casamento é realizado a três – Deus, o marido e a mulher –, o tempo se encarrega de estabelecer o perfeito equilíbrio. Não é por acaso que o grande segredo do casamento tem a ver com tempo: "saber envelhecer".

Capítulo 13

Quer saber? Então, vai!

"Duas espécies de pessoas devem comungar com frequência: os perfeitos, para se conservarem perfeitos, e os imperfeitos, para chegarem à perfeição." (São Francisco de Sales)

No casamento acontecem muitas dúvidas que, na maioria das vezes, ficam sem resposta. Diante disso, e tomando por base o *Compêndio do Catecismo da Igreja Católica*, relacionei as principais questões na forma de perguntas e respostas e busco esclarecê-las.

O que a Igreja ensina sobre a família?

A Igreja ensina que a família é um dos bens mais preciosos da humanidade.

Por que a família é um bem tão precioso?

A família é um bem precioso porque participa do plano de Deus para que todas as pessoas possam nascer e desenvolver-se em uma comunidade de amor, serem bons filhos de Deus e participar na vida futura do Reino dos Céus: Deus quis que os homens, formando a família, colaborassem com Ele nessa tarefa.

Onde estão revelados os planos de Deus sobre o casamento e a família?

Na *Bíblia* está narrada a criação do primeiro homem e da primeira mulher: Deus os criou à Sua imagem e semelhança; os fez varão e mulher, os abençoou e os mandou crescer e multiplicar-se para povoar a terra (cf. *Gn* 1,27). E para que isto fosse possível, de um modo verdadeiramente humano, Deus mandou que o homem e a mulher se unissem para formar a comunidade de vida e amor, que é o casamento (cf. *Gn* 2,19-24).

Quais são os benefícios de se formar uma família como orientado por Deus?

Famílias formadas de acordo com a vontade de Deus são fortes, saudáveis e felizes; possibilitam a promoção humana e espiritual dos seus membros, contribuindo para a renovação de toda a sociedade e da Igreja.

Como a Igreja ajuda os homens a conhecerem o bem da família?

A Igreja contribui para que os homens conheçam o bem da família fazendo-os lembrarem-se de qual é o desígnio de Deus para a família e o casamento. E aos homens, em especial os católicos, corresponde compreender e constatar por sua própria história de vida os ensinamentos de Jesus nesse campo.

COMO É POSSÍVEL REALIZAR PLENAMENTE O PROJETO DE DEUS PARA O CASAMENTO E A FAMÍLIA?

Somente com a ajuda da graça de Deus, vivendo de verdade o Evangelho, é possível realizar plenamente o projeto de Deus relativo ao casamento e à família.

POR QUE HÁ TANTAS FAMÍLIAS QUEBRADAS OU COM DIFICULDADES? POR QUE, ÀS VEZES, PARECE TÃO DIFÍCIL CUMPRIR A VONTADE DE DEUS NO CASAMENTO?

Adão e Eva pecaram desobedecendo a Deus e, desde então, todos os homens nascem com o pecado original. Este pecado, mais os que cada pessoa comete, dificultam o conhecimento e o cumprimento da vontade de Deus para o casamento. Por isso, Jesus Cristo quis vir ao mundo: para nos redimir do pecado e para que pudéssemos viver como filhos de Deus nesta vida e alcançar o Céu. É necessária a luz do Evangelho e a graça de Cristo para devolver ao homem, e também ao casamento e à família, a bondade e a beleza originais.

QUE CONSEQUÊNCIAS O NÃO CUMPRIMENTO DO PLANO DE DEUS PARA A FAMÍLIA E O CASAMENTO PODE ACARRETAR PARA A SOCIEDADE?

Quando a infidelidade, o egoísmo e a irresponsabilidade dos pais com respeito aos filhos são as normas de conduta, toda a sociedade se vê afetada pela corrupção, pela desonestidade de costumes e pela violência.

QUAL É A SITUAÇÃO DA FAMÍLIA NA SOCIEDADE?

As mudanças culturais das últimas décadas influenciaram fortemente o conceito tradicional da família, que é uma instituição natural, dotada de extraordinária vitalidade, com grande capacidade de reação e defesa. Todas essas mudanças foram prejudiciais, e por isso o panorama atual da família compõe-se de aspectos positivos e negativos.

QUE ASPECTOS POSITIVOS SE NOTAM EM MUITAS FAMÍLIAS?
O sentido cristão da vida influenciou muito para que a sociedade promova cada vez mais os seguintes aspectos: consciência mais viva da liberdade e responsabilidades pessoais no seio das famílias; desejo de que as relações entre os esposos e entre pais e filhos sejam virtuosas; grande preocupação com a dignidade da mulher; atitude mais atenta à paternidade e à maternidade responsáveis; maior cuidado com a educação dos filhos; maior preocupação com as famílias, para que se relacionem bem e se ajudem entre si.

QUE ASPECTOS NEGATIVOS ENCONTRAMOS NAS FAMÍLIAS BRASILEIRAS?
São muitos, e todos revelam as consequências provocadas pelo rechaço do amor de Deus por homens e mulheres da nossa época. Resumidamente, podemos indicar: percepção equivocada da independência dos esposos; defeitos na autoridade e na relação entre pais e filhos; dificuldades para a família transmitir valores humanos e cristãos; crescente número de divórcios e de uniões não matrimoniais; facilidade de acesso à esterilização e ao aborto e expansão de uma mentalidade antinatalista; condições morais de miséria, insegurança e materialismo; emergência de grande número de crianças de rua, frutos da irresponsabilidade ou da incapacidade educativa dos pais; grande quantidade de pessoas abandonadas por falta de famílias estáveis e solidárias.

O QUE PODEMOS FAZER PARA QUE OS SINAIS NEGATIVOS NÃO PREVALEÇAM?
A única solução eficaz é que cada casal se esforce para viver em sua família os ensinamentos do Evangelho de maneira autêntica. O sentido cristão da vida fará que sempre prevaleçam os sinais positivos sobre os negativos, por mais que eles nunca faltem.

JESUS CRISTO NOS DEU ALGUM EXEMPLO ESPECIAL SOBRE A FAMÍLIA?
Sim, porque Jesus Cristo nasceu em uma família exemplar. Filho de José e Maria, Ele os obedeceu em tudo (cf. *Lc* 2, 51) e aprendeu com eles a crescer como verdadeiro homem. Assim, a família de Cristo é exemplo e modelo para toda família.

ESTE EXEMPLO É VÁLIDO PARA A FAMÍLIA DE HOJE?
O exemplo da Sagrada Família alcança os homens de todas as épocas e culturas, porque o único modo de conseguir a realização pessoal e das pessoas amadas é criar um lar no qual a ternura, o respeito, a fidelidade, o trabalho e o serviço desinteressado sejam as normas de vida.

QUEM DEVE SE SENTIR RESPONSÁVEL PELO FORTALECIMENTO DA INSTITUIÇÃO FAMILIAR?
Cada um, de uma forma ou de outra, é responsável pela sociedade em que vive e, portanto, pela instituição familiar, que é seu fundamento. Os casados devem responder pela família que formaram, para que vivam o desígnio de Deus; os solteiros devem cuidar de sua família de origem; e os jovens e adolescentes têm a particular responsabilidade de se prepararem para construir uma família estável.

EM QUE CONSISTE O CASAMENTO?
No dia do casamento, um homem e uma mulher se dão um ao outro para sempre, e o fazem na Igreja, reconhecendo que seu amor vem de Deus. Não se trata de uma cerimônia de um dia, mas de um sacramento que deve ser vivido durante toda a vida.

COMO NASCEU O SACRAMENTO DO MATRIMÔNIO?
Da percepção, no decorrer dos primeiros séculos cristãos, de que o amor que constrói um casamento vem de Deus. Para Jesus, o próprio Deus está no centro da união dos

esposos. Ele disse: *"Que o homem não separe o que Deus uniu"*. E São Paulo, para quem a união do homem e da mulher era o símbolo da união de Cristo e da Igreja, escreveu sobre o casal: *"Esse mistério é grande"*.

QUE É MATRIMÔNIO?

Matrimônio é o sacramento instituído por Nosso Senhor Jesus Cristo, que estabelece uma união santa e indissolúvel entre o homem e a mulher, e dá ao casal a graça de se amar mutuamente e de educar os filhos como cristãos.

COMO DEVE SER RECEBIDO ESSE SACRAMENTO?

É preciso receber o Sacramento do Matrimônio na graça de Deus; se recebido em pecado mortal, o casamento é válido, mas comete-se um sacrilégio.

QUEM SÃO OS MINISTROS DO SACRAMENTO DO MATRIMÔNIO?

Os ministros são os próprios cônjuges.

QUAIS SÃO OS FINS DO CASAMENTO?

A finalidade do casamento é a procriação e a educação dos filhos, o amor e a ajuda mútua entre os esposos, e o remédio da concupiscência.

QUAIS SÃO AS PROPRIEDADES DO CASAMENTO?

Unidade e indissolubilidade são as propriedades do casamento. Ou seja: um com o outro, para sempre.

QUE SIGNIFICADO TEM O CASAMENTO CRISTÃO?

O casamento expressa o amor de Deus por Seu povo, que é a Igreja. Assim como Cristo se entregou em sacrifício por amor à Igreja e permanece eternamente fiel a ela, do mesmo modo os esposos se entregam um ao outro totalmente, imitando o amor de Cristo.

Por que o casamento é indissolúvel para a Igreja Católica?

O casamento é indissolúvel porque Deus é fiel aos homens, aconteça o que acontecer, e os casais cristãos mostram isso por meio de sua união.

Que devem fazer os esposos cristãos para viverem santamente?

Casais cristãos, para viverem a santidade do casamento, devem se amar e guardar fidelidade um ao outro, receber os filhos que Deus lhes der e educá-los de maneira cristã.

Casar-se é um bem?

Sim, é um grande bem, porque é o único modo de santificar o amor humano entre o homem e a mulher, mas é preciso ser batizado para receber esse sacramento.

Que bens o casamento comunica aos esposos?

No casamento, Deus infunde Sua graça no coração dos esposos, para que estes cumpram os deveres próprios de seu estado: a fidelidade às suas promessas, a procriação e a educação dos filhos, o sustento mútuo em meio às alegrias e dificuldades da vida.

Existe algo de especial no casamento entre batizados?

O matrimônio entre pessoas batizadas é um dos sete sacramentos que Jesus Cristo instituiu. Isso quer dizer que é um caminho de santidade: Deus convida os esposos a ganharem o Céu, buscando a santidade no matrimônio e na vida familiar. Saber que o casamento é uma vocação divina nos ajuda a defendê-lo e a valorizá-lo de maneira adequada, respondendo com generosidade à vontade de Deus.

SÃO CASADOS O HOMEM E A MULHER BATIZADOS QUE VIVEM JUNTOS, MAS NÃO RECEBERAM O SACRAMENTO DO MATRIMÔNIO?
Pode ser que tenham se casado perante um juiz, de acordo com as leis civis, mas não são casados perante Deus.

QUE DEVEM FAZER AS PESSOAS QUE ESTIVEREM NESSA SITUAÇÃO?
Se um homem e uma mulher católicos estiverem vivendo juntos e quiserem seguir vivendo assim para sempre, devem falar com o sacerdote católico mais próximo, expor sua situação, e procurar santificar seu lar com o Sacramento do Matrimônio.

Se quiserem celebrar o casamento, não devem temer o desembolso financeiro necessário nem se preocupar com comentários de terceiros, mesmo que já vivam juntos há anos e possam até mesmo ter filhos maiores ou de outras uniões anteriores não sacramentais: o importante é que o lar e o amor desse casal sejam santificados e eles tenham a conciência de ter cumprido a vontade de Deus.

EXISTE ALGUM MÉRITO NO FATO DE UM HOMEM E UMA MULHER VIVEREM JUNTOS E, MESMO NÃO SENDO CASADOS PERANTE DEUS, GUARDAREM FIDELIDADE UM AO OUTRO?
Essa conduta é muito meritória, pois a fidelidade é um grande valor humano e uma grande virtude, que torna possível o desenvolvimento autêntico da personalidade e da felicidade familiar. Entretanto, se o casal for católico, sua fé e seu amor a Deus devem levá-lo, sempre que possível, a santificar seu lar com o Sacramento do Matrimônio.

POR QUE ALGUMAS PESSOAS TÊM MEDO DE CASAR-SE PELAS LEIS DE DEUS?
Alguns casais que guardam fidelidade temem que, ao se casar na Igreja, o cônjuge passe a sentir-se seguro de possuir o outro e que isso seja o começo dos problemas no

casamento. Entretanto, tal receio não tem fundamento quando existe verdadeiro amor, já que o amor dos esposos e o sacramento que santifica seu lar são os princípios das bênçãos de Deus para sua família.

O QUE SE PODE FAZER PARA AJUDAR ESSAS PESSOAS A SAÍREM DO EQUÍVOCO?

É preciso mostrar a elas que o Sacramento do Matrimônio abençoa o amor já existente entre os esposos, dá-lhes forças para viver esse amor, e lhes propicia a ajuda divina e a bênção de Deus para santificar sua vida matrimonial.

QUE RELAÇÃO DEUS ESTABELECEU ENTRE O HOMEM E A MULHER?

O homem e a mulher foram criados por Deus numa igual dignidade, como pessoas humanas, e, ao mesmo tempo, numa complementaridade recíproca. Deus os quis um para o outro, para uma comunhão de pessoas. Juntos, também são chamados a transmitir a vida humana, formando no casamento *"uma só carne"* (*Gn* 2,24), e a dominar a terra como "intendentes" de Deus, que, ao abençoá-los, lhes disse: *"Sede fecundos e prolíficos"* (*Gn* 1,28).

QUEM É O RESPONSÁVEL PELA MORTE DE JESUS?

A paixão e a morte de Jesus não podem ser imputadas indistintamente nem aos judeus então vivos nem aos judeus que vieram depois, no tempo e no espaço. Cada um dos pecadores, ou seja, todo homem, é realmente causa e instrumento dos sofrimentos do Redentor, e mais gravemente culpados são aqueles, sobretudo se cristãos, que mais vezes caem de novo no pecado ou se deleitam nos vícios. (595-598)

COMO OS FIÉIS LEIGOS PODEM PARTICIPAR DO OFÍCIO SACERDOTAL DE CRISTO?

Podem participar, oferecendo como sacrifício espiritual "agradável a Deus, por Jesus Cristo" (*1Pd* 2,5), sobretudo na Eucaristia, a própria vida, com todas as obras, preces e iniciativas apostólicas, vida familiar e trabalho cotidiano, males da vida suportados com paciência e descanso corporal e espiritual. É assim também que os leigos dedicados a Cristo e consagrados pelo Espírito Santo oferecem a Deus o próprio mundo (901-903).

POR QUEM É CELEBRADA A LITURGIA CELESTE?

A liturgia celeste é celebrada pelos anjos, pelos santos da Antiga e da Nova Aliança – em particular pela Mãe de Deus –, pelos Apóstolos, pelos mártires e por uma "multidão imensa, que ninguém pode contar, gente de todas as nações, tribos, povos e línguas" (*Ap* 7,9). Quando celebramos nos sacramentos o mistério da salvação, participamos dessa liturgia eterna (1138-1139).

QUAIS SÃO OS SACRAMENTOS A SERVIÇO DA COMUNHÃO E DA MISSÃO?

A ordem e o matrimônio são os dois sacramentos que conferem uma graça especial para uma missão particular na Igreja, a serviço da edificação do povo de Deus. Tais sacramentos contribuem em particular para a comunhão eclesial e para a salvação dos outros (1533-1535).

PARA QUAL FINALIDADE DEUS INSTITUIU O MATRIMÔNIO?

A união matrimonial do homem e da mulher, fundada e estruturada nas leis próprias pelo Criador, está, por sua natureza, ordenada à comunhão e ao bem dos cônjuges e à geração e educação dos filhos. A união matrimonial, segundo o originário desígnio divino, é indissolúvel, como afirma Jesus Cristo: "*Não separe, pois, o homem o que Deus uniu*" (*Mc* 10,9) (1659-1660).

O QUE O ANTIGO TESTAMENTO ENSINA SOBRE O MATRIMÔNIO?
Deus, sobretudo por meio da pedagogia da Lei e dos profetas, ajuda a amadurecer progressivamente em Seu povo a consciência da unicidade e da indissolubilidade do matrimônio. A aliança nupcial de Deus com Israel prepara e prefigura a Aliança nova realizada pelo Filho de Deus, Jesus Cristo, com a Sua esposa, a Igreja (1609-1611).

O QUE CRISTO ACRESCENTOU AO MATRIMÔNIO?
Jesus Cristo não apenas restabeleceu a ordem inicial que Deus quis, mas deu ao homem a graça de viver o casamento na dignidade de sacramento, que é o sinal do seu amor esponsal pela Igreja: "*Maridos, amai as vossas mulheres como Cristo amou a Igreja*" (*Ef* 5,25) (1612-1617,1661).

O CASAMENTO É UMA OBRIGAÇÃO PARA TODOS?
Não, ninguém é obrigado a se casar. Inclusive, Deus chama alguns homens e mulheres a seguirem o Senhor Jesus na via da virgindade e do celibato pelo Reino dos Céus, renunciando ao grande bem do matrimônio para se preocupar com as coisas do Senhor e procurar agradá-lo, tornando-se sinal da absoluta primazia do amor de Cristo e da ardente expectativa de sua vinda gloriosa (1618-1620).

COMO SE CELEBRA O SACRAMENTO DO MATRIMÔNIO?
Uma vez que o matrimônio coloca os cônjuges em um estado público de vida na Igreja, sua celebração litúrgica é pública, na presença do sacerdote (ou da testemunha qualificada pela Igreja) e das outras testemunhas (1621-1624).

O QUE É CONSENSO MATRIMONIAL?
Consenso matrimonial é a vontade expressa por um homem e por uma mulher de se doarem mútua e definitivamente um ao outro, com o objetivo de viver uma aliança de amor fiel e fecundo. Uma vez que o consentimento faz

o casamento, ele é indispensável e insubstituível. Para tornar válido o casamento, o consenso deve ter ser verdadeiro e ser um ato humano, consciente e livre, não determinado por violência ou constrangimentos (1625--1632,1662-1663).

O QUE SE EXIGE QUANDO UM DOS ESPOSOS NÃO É CATÓLICO?
Os casamentos mistos (entre católicos e batizados não católicos) exigem licença da autoridade eclesiástica. Nos casos em que há *disparidade de culto* (entre católicos e não batizados), a validade do casamento depende de uma dispensa (documento que "dispensa" um dos cônjuges da necessidade do batismo). Em todo caso, é essencial que os cônjuges não excluam a aceitação dos fins e das propriedades essenciais do matrimônio, e que o cônjuge católico confirme os compromissos, que devem ser conhecidos também pelo outro cônjuge, de manter a fé e garantir o batismo e a educação católica dos filhos (1633-1637).

QUAIS SÃO OS EFEITOS DO SACRAMENTO DO MATRIMÔNIO?
O Sacramento do Matrimônio gera entre os cônjuges um vínculo perpétuo e exclusivo, selado pelo próprio Deus. O casamento, portanto, concluído e consumado entre batizados, jamais pode ser dissolvido. Além disso, esse sacramento confere aos esposos a graça necessária para atingir a santidade na vida conjugal e para o acolhimento responsável dos filhos e a educação deles (638-1642).

QUAIS SÃO OS PECADOS GRAVES CONTRA O CASAMENTO?
O adultério; a poligamia, pois contradiz a igual dignidade entre o homem e a mulher, a unidade e a exclusividade do amor conjugal; a rejeição da fecundidade, que priva a vida conjugal do dom dos filhos; e o divórcio, que transgride a indissolubilidade (1645-1648).

QUAIS SÃO AS OFENSAS À DIGNIDADE DO MATRIMÔNIO?
Adultério, divórcio, poligamia, incesto, união livre (convivência, concubinato), ato sexual antes ou fora do matrimônio (2380-2391, 2400).

EM QUE CIRCUNSTÂNCIAS A IGREJA ADMITE A SEPARAÇÃO FÍSICA DOS ESPOSOS?
A Igreja admite que esposos se separem fisicamente quando a coabitação deles tiver se tornado, por motivos graves, praticamente impossível, embora deseje muito que o casal se reconcilie. Mas, mesmo fisicamente separados, os cônjuges não são livres para contrair nova união enquanto um deles estiver vivo, a menos que autoridade eclesiástica competente declare a nulidade do casamento (1629-1649).

POR QUE A FAMÍLIA CRISTÃ É CHAMADA TAMBÉM DE IGREJA DOMÉSTICA?
Porque a família manifesta e realiza a natureza de comunhão familiar da Igreja como família de Deus. Cada membro, segundo o próprio papel, é um sacerdote e contribui para fazer da família uma comunidade de graça e oração, escola das virtudes humanas e cristãs, lugar do primeiro anúncio da fé aos filhos (1655-1658,1666).

O QUE SÃO VÍCIOS?
Vícios, sendo o contrário de virtudes, são hábitos perversos que ofuscam a consciência e inclinam ao mal. Os vícios podem estar unidos aos sete pecados capitais, que são: soberba, avareza, inveja, ira, impureza, gula e preguiça ou acídia.

COMO SE SANTIFICA O DOMINGO?
Os cristãos santificam o domingo e outras datas comemorativas da Igreja participando da Missa e abstendo-se de

atividades que impeçam a prestação de culto a Deus e perturbem a alegria própria desse dia, bem como o necessário descanso da mente e do corpo. São permitidas, porém, as atividades ligadas a necessidades familiares ou a serviços de grande utilidade social, desde que não criem hábitos prejudiciais à santificação do domingo, à vida da família e à saúde (2177-2185,2192-2193).

QUAL É A NATUREZA DA FAMÍLIA NO PLANO DE DEUS?

Um homem e uma mulher casados perante Deus formam, juntamente com seus filhos, uma família. Deus instituiu a família e dotou-a da sua constituição fundamental. O casamento e a família são ordenados para o bem dos esposos, para a procriação e para a educação dos filhos. Entre os membros de uma mesma família estabelecem-se relações pessoais e responsabilidades primárias. Em Cristo, a família se torna *Igreja doméstica*, porque é comunidade de fé, de esperança e de amor (2201-2205,2249).

QUAIS SÃO OS DEVERES DOS FILHOS EM RELAÇÃO AOS PAIS?

Os filhos devem respeito (piedade filial), reconhecimento, docilidade e obediência aos pais, contribuindo, inclusive com boas relações entre irmãos e irmãs, para o crescimento da harmonia e da santidade de toda a vida familiar. Quando os pais se encontrarem em situações de indigência, de doença, de solidão ou de velhice, os filhos adultos devem-lhe ajuda moral e material (2214-2220,2251).

QUAIS SÃO OS DEVERES DOS PAIS EM RELAÇÃO AOS FILHOS?

Os pais, participantes da paternidade divina, são os primeiros responsáveis pela educação de seus filhos e os primeiros anunciadores da fé a eles. Têm o dever de amar e respeitar os filhos como *pessoas* e como *filhos de Deus*, e de prover, quando possível, suas necessidades materiais e espirituais, escolhendo para eles uma escola adequada e ajudando-os com prudentes conselhos na escolha da profissão e do estado de vida. Em particular, têm a missão de educá-los na fé cristã (2221-2231).

COMO OS PAIS DEVEM EDUCAR OS SEUS FILHOS NA FÉ CRISTÃ?

Com o exemplo, principalmente, e com a oração, a catequese familiar e a participação na vida eclesial (2252-2253).

OS LAÇOS FAMILIARES SÃO UM BEM ABSOLUTO?

Os vínculos familiares, embora importantes, não são absolutos, porque a primeira vocação do cristão é seguir Jesus, amando-O: "*Quem ama pai ou mãe mais que a mim, não é digno de mim. E quem ama filho ou filha mais do que a mim não é digno de mim*" (Mt 10,37). Os pais devem favorecer com alegria o seguimento de Jesus por parte de seus filhos, em qualquer estado de vida, mesmo na vida consagrada ou no ministério sacerdotal (2232-2233).

POR QUE A SOCIEDADE DEVE PROTEGER TODO EMBRIÃO?

O direito inalienável à vida de todo indivíduo humano desde sua concepção é um elemento constitutivo da sociedade civil e da sua legislação. Quando o Estado não põe sua força a serviço dos direitos de todos, em particular dos mais fracos, entre os quais os concebidos ainda não nascidos, minam-se os fundamentos de um Estado de direito (2273-2274).

QUAL É O DEVER DAS PESSOAS EM RELAÇÃO À SUA IDENTIDADE SEXUAL?

Deus criou o ser humano – homem e mulher – com igual dignidade pessoal, e inscreveu nele a vocação para o amor e a comunhão. Cabe a cada um aceitar a própria identidade sexual, reconhecendo sua importância, bem como sua especificidade e complementaridade (2331-2336 2392-2393).

QUAL É O DEVER DAS AUTORIDADES CIVIS EM RELAÇÃO À CASTIDADE?

Por serem obrigadas a promover o respeito da dignidade da pessoa, as autoridades públicas deveriam contribuir para criar um ambiente favorável à castidade, impedindo com leis adequadas a difusão de algumas ofensas graves à castidade, como forma de proteção, sobretudo, dos menores e dos mais fracos. (2354)

QUAIS SÃO OS BENS DO AMOR CONJUGAL QUE ORDENAM A SEXUALIDADE?

Os bens do amor conjugal que ordenam a sexualidade são: unidade, fidelidade, indissolubilidade e abertura à fecundidade (2360-2361, 2397-2398).

QUAL É O SIGNIFICADO DO ATO CONJUGAL?

O ato conjugal tem duplo significado: unitivo (mútua doação dos cônjuges) e procriador (a abertura à transmissão à vida). A ninguém cabe excluir um ou outro desses significados, rompendo a conexão inseparável que Deus estabeleceu (2362-2367).

QUANDO É MORAL A REGULAÇÃO DOS NASCIMENTOS?

A regulação dos nascimentos, que representa um dos aspectos da paternidade e da maternidade responsáveis, se enquadra nos conceitos morais quando feita pelos esposos sem imposições externas e nem egoísmo, mas por motivos sérios e valendo-se de métodos moralmente aceitos, ou seja, a continência periódica e o recurso aos períodos infecundos – dito de modo mais simples, com o controle dos períodos férteis da mulher, com o casal se relacionando sexualmente nos períodos inférteis e abstendo-se nos férteis (2368-2369, 2399).

COMO DEVE SER CONSIDERADO UM FILHO?

Um filho é um *dom* de Deus, o dom maior do casamento. Não existe um direito a ter filhos, mas, sim, o direito de o filho de ser fruto do ato conjugal de seus pais e de ser respeitado como pessoa desde o momento de sua concepção. (2378)

O QUE PODEM FAZER OS ESPOSOS QUANDO NÃO TÊM FILHOS?

Quando o dom do filho não lhes é concedido, os esposos, depois de terem esgotado os recursos legítimos da medicina, podem mostrar sua generosidade mediante a guarda ou adoção, ou a prestação de serviços significativos a favor do próximo, realizando, assim, uma valiosa fecundidade espiritual (2379).

QUEM PODE EDUCAR PARA A ORAÇÃO?

A família cristã constitui o primeiro lugar da educação para a oração. A oração familiar cotidiana é particularmente recomendada, porque é o primeiro testemunho da vida de oração da Igreja. A catequese, os grupos de oração, a "direção espiritual" constituem uma escola e uma ajuda à prática da oração (2685-2690, 2694-2695).

Anexo

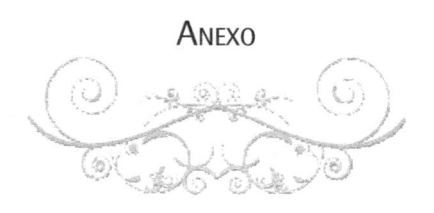

Oração do Perdão

DEUS, peço-vos agora a graça de perdoar.
Purifica hoje meu coração e minha mente.
DEUS, cura-me!
Eu perdôo a mim mesmo por tudo o que fiz de errado, por tudo o que me fez agir contra a Sua vontade, e peço o Seu Espírito Santo, para não mais sair da minha vida.
Eu perdôo a minha mãe pelas vezes que me magoou, ficou ressentida e zangada comigo; me puniu, preferiu meus irmãos e irmãs do que a mim, me chamou de tolo, feio, estúpido, o pior de seus filhos. Eu a perdôo por ter dito que eu dava muita despesa, era malquisto, um acidente, um erro, que não era o que esperava. Eu perdôo minha mãe por não ter me alertado corretamente sobre as peças que a vida me pregou.
Perdôo meu pai pela falta de apoio, amor, afeição, atenção e companhia. Dou-lhe meu perdão por suas brigas, discussões, abandonos,

ausências de casa; por haver-se separado de minha mãe; por suas bebedeiras, pelas suas críticas ásperas.

Agora eu sei e entendo que meus pais não tiveram a oportunidade de me ensinar porque também não tiveram tal ensinamento.

Peço perdão aos meus irmãos e irmãs, aos que me rejeitaram, caluniaram, odiaram, detestaram, disputaram o amor de meus pais, agrediram-me, foram severos demais comigo e tornaram minha vida desagradável.

A partir de agora eu perdôo minha esposa (marido) pela falta de amor, atenção e comunicação; por seus defeitos, debilidades, falhas, falta de apoio e outros atos ou palavras que me prejudicaram e perturbaram.

Perdôo também meus filhos, pela falta de respeito, pelas desobediências, pelo pouco amor, cordialidade, compreensão, pelos seus vícios e afastamento da Igreja, muitas vezes, por minha culpa.

Peço perdão aos parentes, especialmente à minha sogra e ao meu sogro, e a cunhados e cunhadas, além de outros parentes ligados ao meu casamento, que, de algum modo, me ofenderam...

Rezo especialmente pela graça de perdoar aquela pessoa que mais me prejudicou na vida (...).

E rezo em especial para que eu possa perdoar a mim mesmo por haver magoado meus pais, por ter-me embebedado, por ter usado drogas, pelos pecados contra a pureza, pelos maus livros que li e maus filmes que vi, por fornicação, adultério, abortos, furtos, mentiras, tapeações e fraudes.

Eu suplico o perdão de todas essas pessoas pelas mágoas que causei, especialmente ao meu pai, à minha mãe, à minha esposa (marido) e aos meus filhos.

Agradeço-vos, DEUS, pelo amor que recebi por meio deles.

Amém.

BIBLIOGRAFIA

BÍBLIA SAGRADA. Edição Pastoral-Catequética. Editora Ave-Maria

AQUINO, Felipe Rinaldo Queiroz. *Família, Santuário da Vida: vida conjugal e educação dos filhos*. 4ª ed. Lorena: Cléofas, 2001.

CATECISMO da Igreja Católica. 11ª ed. revisada de acordo com o texto oficial em latim. São Paulo: Loyola, 2001.

COMPÊNDIO do Catecismo da Igreja Católica. São Paulo: Loyola, 2005.

DINIZ, Maria Helena. *Curso de direito civil brasileiro, v. 5: direito de família*. 17ª ed. atual cf. o novo Código Civil (Lei nº 10.406, de 10/1/2002). São Paulo: Saraiva, 2002.

FUJITA, Jorge Shiguemitsu. *Curso de Direito Civil – direito de família*. São Paulo: Juarez de Oliveira, 2000.

GOMES, Orlando. *Direito de Família*. 10ª ed. rev. e atual. Rio de Janeiro: Forense, 1998.

LISBOA, Roberto Senise. *Manual elementar de direito civil, v. 5: direito de família e das sucessões*. 2ª ed. rev. e atual. cf. o novo Código Civil. São Paulo: Revista dos Tribunais, 2002.

MEDEIROS, Noé de. *Lições de Direito Civil, v. 5: direito de família, direito de sucessões*. Belo Horizonte: Nova Alvorada, 1997.

MONTEIRO, Washington de Barros. *Curso de Direito Civil: direito de família*. 36ª ed. Atual. São Paulo: Saraiva, 2001.

PEREIRA, Caio Mário da Silva. *Instituições de Direito Civil, v. 5*. Rio de Janeiro: Forense, 2001.

ROQUE, Sebastião José. *Direito de família*. São Paulo: Ícone, 1994.

Contato com o autor:
ale@palavraeprece.com.br

Acesse:
www.alebooks.com.br